MITCHELL SYMONS

Wo lassen Nudisten ihr Wechselgeld?

Buch

Es lässt sich einfach nicht leugnen: Sex ist die schönste Nebensache der Welt – und auch die witzigste, jedenfalls wenn Mitchell Symons sich damit beschäftigt. Hier geht er den absurdesten und interessantesten Mythen, Fakten und Fragen rund um das erwachsene Miteinander nach: Denken Männer tatsächlich alle sechs Sekunden an das Eine? Was wollen Frauen wirklich? Ist Sex vor dem Wettkampf schädlich? Was hat Rotlicht mit Prostitution zu tun? Und können auch Männer einen Orgasmus vortäuschen?

Mitchell Symons findet Antworten auf diese und Dutzende weitere Fragen. Unterstützt haben ihn dabei gute Freunde und zahlreiche Experten, unter anderem Ärzte, Zoologen, Philosophen und Psychiater sowie seine beiden Söhne im Teenageralter (diese wurden jedoch nur im äußersten Notfall befragt).

Autor

Mitchell Symons, 1957 in London geboren, studierte Jura, arbeitete beim Fernsehsender BBC, entwickelte zahlreiche Fernsehformate, war einer der Chefautoren des Brettspiels Trivial Pursuit und ist heute als Autor und freier Journalist tätig. Neben seinen erfolgreichen Büchern ist er Autor einer preisgekrönten Kolumne im „Sunday Express".

Im Goldmann Verlag sind von Mitchell Symons
außerdem erschienen:

Wussten Sie schon ...? (15299)
Wussten Sie das auch schon ...? (15355)
Warum Frauen nicht werfen können ... (15396)

Mitchell Symons

Wo lassen Nudisten ihr Wechselgeld?

... und andere Fragen für Erwachsene

Aus dem Englischen
von Christiane Burkhardt

GOLDMANN

Die englische Originalausgabe erschien 2006
unter dem Titel »Where Do Nudists Keep Their Hankies?«
bei Bantam Press, London.

Verlagsgruppe Random House FSC-DEU-0100
Das FSC-zertifizierte Papier *Holmen Book Cream* für Taschenbücher
aus dem Goldmann Verlag liefert Holmen Paper, Hallstavic, Schweden.

1. Auflage
Taschenbuchausgabe September 2007
Wilhelm Goldmann Verlag, München,
in der Verlagsgruppe Random House GmbH

Umschlaggestaltung: Design Team München
Umschlagabbildung: Vitali P. Konstantinov/auserlesen – ausgezeichnet
Redaktion: Antje Steinhäuser
KF · Herstellung: Str.
Satz: dtp im Verlag: SL
Druck und Bindung: GGP Media GmbH, Pößneck
Printed in Germany
ISBN: 978-3-442-15437-1

www.goldmann-verlag.de

Für Penny, Jack und Charlie in Liebe

? Von einem, der auszog, Fragen zum Thema Sex zu stellen

»Ist Sex schmutzig?«, hat Woody Allen einmal gefragt, um seine Frage dann wie folgt selbst zu beantworten: »Nur, wenn er richtig gemacht wird.« Nun, ich möchte folgende rhetorische Gegenfrage stellen: Ist Sex komisch? Gibt es einen lächerlicheren Anblick als einen Mann vor, bei und nach dem Sex?

Was Sex unter anderem so komisch macht, ist, dass die meisten so todernst damit umgehen.

Als glücklich verheirateter Mann kann ich es mir leisten zuzusehen, wie sich andere lächerlich machen, nur um sie mit spöttischen, nicht sehr hilfreichen Kommentaren zu beglücken.

Hauptsache, es gibt was zu lachen.

Zumal ich in derartigen Dingen nicht ganz ungeübt bin. Obwohl es in meinem letzten Buch (*Warum Frauen nicht werfen können …*) nicht ausdrücklich um Sex ging, ist es mir doch gelungen, jede Menge Fragen zum Thema Sex hineinzuschmuggeln. Da waren etwa diese:

- **Also gut: Was ist dran an den Gerüchten um Richard Gere und die Rennmaus?**
- **Stimmt es, dass Marianne Faithfull einmal einen flotten Vierer mit Mick Jagger, Keith Richards und einem Riegel Mars hatte?**
- **Seit wann wird der englische Begriff »gay« auch als Ausdruck für Homosexualität verwendet?**
- **Wer war der am besten bestückte Prominente aller Zeiten?**
- **Ist schon mal irgendjemand beim Sex gestorben?**

Um nur einige zu nennen. Und jetzt habe ich mich dazu entschlossen, den Fragen rund um das Thema Sex ein eigenes Buch zu widmen.

Als Mann mittleren Alters bin ich natürlich ebenfalls fest davon überzeugt, dass alle anderen mehr Spaß im Bett haben als ich. Der Mensch neigt nun mal leider dazu, ständig Angst zu haben, er verpasse irgendwas. Das war schon immer so. Wie sagte Michael Caine einmal so schön über die 1960er-Jahre? »Die Londoner Swinging Sixties waren nichts weiter als 200 Leute aus der King's Road, die miteinander ins Bett gingen.« Und zu denen habe ich nie gehört – und wenn dann höchstens in den zwei Monaten im Jahr 1981, als plötzlich jedes Mädchen ja zu sagen schien und … aber lassen wir das: Meine Privaterinnerungen möchte ich Ihnen nur ungern zumuten. Trotzdem: Das Liebesleben anderer Leute erscheint uns immer interessanter als das eigene, selbst wenn es in Wirklichkeit gar nicht so ist.

Ich bin selbstverständlich kein Sex-Experte – aber wer ist das schon? Wahrscheinlich die Leute, die sich als solche bezeichnen – nur dass sie den Sex immer so verdammt ernst nehmen müssen! Ich weiß das, denn ich hatte mal mit solchen selbst ernannten Fachleuten zu tun, und zwar vor etwa zwanzig Jahren, als ich noch regelmäßig für *Penthouse* schrieb. Meine Artikel waren ein bisschen anzüglich, aber eben auch komisch – in so mancher Hinsicht waren sie sogar das Beste, was ich je geschrieben habe. Tja, lang ist das her, leider dürften meine Beiträge inzwischen längst verschollen sein.

Aber zurück zum Thema. Damals erhielt ich einen Anruf von der Chefredakteurin des hochseriösen *Penthouse*-Schwesternblatts *Forum*. Diese bat mich, sämtliche Kleinanzeigen des letzten Jahres durchzugehen und daraus eine Art Landkarte der sexuellen Vorlieben Großbritanniens zu erstellen. Arbeit ist Arbeit, und weil ich auch damals schon als freier

Journalist unterwegs war, interessierte ich mich hauptsächlich für das Honorar.

Ich ackerte also die Kleinanzeigen durch und staunte, was ich alles nicht wusste. Da gab es Perversionen – »Vorlieben«, wie mich meine Chefredakteurin sofort korrigierte –, die geradezu unglaublich waren. Eine Variante des Keuschheitsgürtels zum Beispiel, bei der man – wie ich mit Entsetzen feststellte – dem Partner ein winziges Vorhängeschloss durch die Genitalien zieht. Nun, meiner Partnerin werde ich so etwas niemals gestatten – nicht solange ich mich noch wehren kann.

Ich erledigte meinen Auftrag nach bestem Wissen und Gewissen, konnte es mir aber nicht verkneifen, die eine oder andere ironische Bemerkung einzuflechten. Zum Thema Infibulation schrieb ich, dass ich dem Liebesleben anderer Leute durchaus aufgeschlossen gegenüberstünde, aber leider einen Albtraum gehabt hätte, in dem ich meinen Abgabetermin versäumte. Woraufhin die Verlegerin mit einem riesigen Vorhängeschloss vor mir auftauchte und …

Das kam nicht besonders gut an, genauso wenig wie meine anderen Scherze. Als ich protestierte und meinte, Sex sei doch witzig und genau so solle man mit dem Thema auch umgehen, erklärte sie mir, dass Sex für die *Forum*-Leser eine *todernste* Angelegenheit sei. Außerdem sei sie Artikel von Sexualwissenschaftlern gewohnt, für die Sex ebenfalls eine todernste Angelegenheit sei.

Ich sollte nie wieder einen Artikel für diese Zeitschrift schreiben. Seitdem habe ich für Sexualwissenschaftler – seien es nun Amateure oder Profis – nichts als Verachtung übrig. Das heißt jedoch nicht, dass ich auf diesem Gebiet über keinerlei Fachwissen verfüge. Zu meinen Freunden und Be-

kannten gehören einige Lesben und Schwule, zwei Männer, aus denen Frauen wurden, eine Frau, aus der ein Mann wurde, zahlreiche Ehebrecher, ein Erotomane, eine frühere Prostituierte, ein enthaltsam lebender Junggeselle und ein Paar, das eine »offene Ehe« führt. Außerdem habe ich zwei Söhne im Teenageralter – denen ich allerdings versprechen musste, sie nur im Notfall zu befragen. Darüber hinaus verfüge ich über Kontakte zu Ärzten, Zoologen, Philosophen und Psychiatern.

Damit Sie mich jetzt nicht für einen Perversling halten, sollte ich vielleicht noch hinzufügen, dass meine Freunde und Bekannten in sexuellen Dingen bestimmt nicht extremer oder raffinierter sind als ihre: Ich bin mir sogar ziemlich sicher, dass sich Ihr Bekanntenkreis aus ganz ähnlichen Menschen zusammensetzt – nur, dass sie es vielleicht noch nie so genau wissen wollten.

Wie mir meine Freunde bereits des Öfteren bestätigt haben, habe ich glücklicherweise keinerlei Taktgefühl. Deshalb kann ich den Leuten die dreistesten Fragen stellen, ohne rot zu werden. Zum einen, weil ich mich sonst sehr schnell langweile, zum anderen, weil ich mit einer unstillbaren Neugier gesegnet bin. Eine gefährliche Mischung, wegen der meine Frau (die im Gegensatz zu mir durchaus Taktgefühl besitzt) schon oft am liebsten im Boden versunken wäre und die uns schon so manche Freundschaft gekostet hat. Wenigstens habe ich eine praktische Verwendung dafür.

Im Folgenden finden Sie also einen breiten Fragen-Fächer zum Thema Sex: witzig, aber nicht widerlich, unterhaltsam und anregend, aber nicht erregend. Wenn davon irgendein Leser eine Erektion bekommt, habe ich eindeutig versagt. (Sollte jedoch irgendeine Frau – eine extrem gut aussehende Frau zum Beispiel – meine Aufzeichnungen enorm erregend finden, möchte ich sie hiermit auf meine E-Mail-Adresse am Ende dieses Buches verweisen. Ich bin zwar bekanntlich glücklich verheiratet und strikt monogam, aber darüber ließe sich unter Umständen durchaus noch mal reden …

? Wie bitte? Sie stehen auf was? (Oder wie pervers ist eigentlich pervers?)

»Der einzige unnatürliche Sexualakt ist der, der sich nicht vollziehen lässt.«

Alfred Kinsey

Wenn man so will, kreist das ganze Buch um genau diese Fragestellung. Als Erstes habe ich das gute alte Google-Orakel befragt und den Suchbegriff »Sexualpraktiken« eingegeben. Doch nachdem ich vorsichtig um die Art Webseiten herumgesurft bin, auf denen ich nicht von meiner Frau erwischt werden will, habe ich mich aus dem Internet verabschiedet. Stattdessen habe ich lieber meine recht beeindruckende Bibliothek konsultiert, bei der es tatsächlich noch auf die Größe ankommt. Besonders ergiebig: Die *Encyclopedia of Unusual Sexual Practices*. Dort fand ich eine ganze Reihe von Aktivitäten, angefangen bei »Ertappt! Ich wusste gar nicht, dass so etwas auch einen Namen hat« über »Klingt nett«, »Nichts für mich, aber nachvollziehbar« bis hin zu »Wer tut sich denn so was an?«/»Bloß nicht drüber nachdenken!« und »Hilfe!!!«

Damit Sie eine ungefähre Vorstellung davon bekommen, hier ein paar Beispiele für jede dieser Kategorien (aber ohne jene »Vorlieben«, auf die ich später gesondert eingehe).

Ertappt! Ich wusste gar nicht, dass SO ETWAS auch einen Namen hat!

Allorgasmie: Sex-Fantasien, die nicht den eigenen Partner betreffen

Basoexie: Sexuelle Erregung durch Küsse

Gymnophilie: Sexuelle Erregung durch Nacktheit

Mammagymnophilie: Sexuelle Erregung durch Brüste

KLINGT NETT

Antholagnie: Sexuelle Erregung durch Blumen
Axilismus: Den Penis an der Achsel des Partners reiben
Bigynist: Sex eines Mannes mit zwei Frauen (schön wär's!)
Coitus a mammilla: Den Penis zwischen zwei Brüsten reiben
Coitus a unda: Sex oder Sexspiele im Wasser
Tripsophilie: Sexuelle Erregung durch Massage

»Das einzige unnatürliche Sexualverhalten ist überhaupt keines.«
Sigmund Freud

NICHTS FÜR MICH, ABER NACHVOLLZIEHBAR

Akustikophilie: Sexuelle Erregung durch Geräusche
Acrophilie: Sexuelle Erregung durch große Höhen
Agonophilie: Sexuelle Erregung durch eine gestellte Rangelei
Agrexophilie: Sich von anderen erregen lassen, die wissen, dass man gerade Sex hat
Albutophilie: Sexuelle Erregung durch Wasser
Amaurophilie: Die Vorliebe für einen blinden Partner oder jemanden, der die Augen verbunden hat
Anasteemaphilie: Die Vorliebe für deutlich größere oder kleinere Partner
Androminetophilie: Die Vorliebe für eine Partnerin, die sich wie ein Mann kleidet
Amomaxie: Sex im geparkten Auto

Autopäderastie: Eine Person, die den eigenen Penis in ihren Anus einführt

Capnolagnie: Sexuelle Erregung durch den Anblick von Rauchern

Dacryphilie: Sexuelle Erregung durch einen weinenden Partner

Dendrophilie: Sexuelle Erregung durch Bäume oder mit ihnen verbundene Fruchtbarkeitsrituale

Dogging: Paare, die Sex im Auto haben, während ihnen andere von draußen dabei zuschauen

Doraphilie: Sexuelle Erregung durch Felle, Leder oder Tierhäute

Erotographomanie: Sexuelle Erregung durch das Verfassen von Liebesbriefen oder Liebesgedichten

Frottage: Sexuelle Erregung durch das Sichreiben am Partner oder an Gegenständen

Genuphallation: Das Einführen des Penis zwischen die Knie des Partners

Gynemitophilie: Sexuelle Erregung durch einen Mann, der vorgibt eine Frau zu sein

Hirsutophilie: Sexuelle Erregung durch Achselbehaarung

Hodophilie: Sexuelle Erregung durch Reisen

Knismolagnie: Sexuelle Erregung durch Kitzeln

Lactaphilie: Sexuelle Erregung durch Milch verströmende Brüste

Lygerastie: Die Neigung, sich nur im Dunkeln erregen zu lassen

Maieusiophilie: Sexuelle Erregung durch Schwangere

Melolagnie: Sexuelle Erregung durch Musik

Moriaphilie: Sexuelle Erregung durch das Erzählen von unanständigen Witzen

Nasophilie: Die Nase als Fetisch
Neophilie: Sexuelle Erregung durch Veränderungen
Oculophilie: Das Auge als Fetisch
Odontophilie: Sexuelle Erregung durch Zähne
Olfactophilie: Sexuelle Erregung durch Gerüche
Podophilie: Der Fuß als Fetisch
Pygophilie: Sexuelle Erregung durch Pokontakte
Trichophilie: Haare als Fetisch
Xenophilie: Sexuelle Erregung durch Fremde
Zelophilie: Sexuelle Erregung durch Eifersucht

WER TUT SICH DENN SO WAS AN?/BLOSS NICHT DRÜBER NACHDENKEN!

Acrotomophilie: Sexuelle Vorliebe für Amputierte
Agalmatophilie: Sexuelle Erregung durch Statuen
Algophilie: Sexuelle Erregung durch Schmerz
Androidismus: Sexuelle Erregung durch Roboter mit menschlichen Merkmalen
Apotemnophilie: Jemand, der sexuelle Fantasien über den Verlust von Gliedmaßen hat
Arachnophilie: Sexuelle Erregung durch Spinnen
Asphyxiaphilie: Sexuelle Erregung durch Sauerstoffmangel
Asthenolagnie: Sexuelle Erregung durch Schwäche oder Erniedrigung
Autassassinophilie: Sexuelle Erregung durch die Planung des eigenen Todes durch einen Partner
Ball dancing: Selbstgeißelung durch in die Haut gebohrte Haken, an denen Obst hängt
Blood Sports: Sexspiele, an denen Blut beteiligt ist
Belonephilie: Sexuelle Erregung durch den Einsatz von Nadeln

Catheterophilie: Sexuelle Erregung durch den Einsatz von Kathetern
Chezolagnie: Masturbieren, während man seine Notdurft verrichtet
Coprophilie: Sexuelle Erregung durch das Spielen mit Fäkalien
Entomophilie: Sexuelle Erregung durch Insekten
Eproctophilie: Sexuelle Erregung durch Blähungen
Formicophilie: Sexspiele mit Ameisen
Harmatophilie: Erregung durch sexuelle Inkompetenz, eine meist weibliche Vorliebe
Harpaxophilie: Sexuelle Erregung beim Überfallen- und Ausgeraubtwerden
Hemotigolagnie: Sexuelle Erregung durch blutige Damenbinden
Hierophilie: Sexuelle Erregung durch heilige Gegenstände
Homilophilie: Sexuelle Erregung durch das Anhören oder Halten von Predigten
Iantronudie: Sexuelle Erregung durch das Entkleiden beim Arzt
Idrophrodisie: Sexuelle Erregung durch Körpergeruch, vor allem an den Genitalien
Kleptolagnie: Sexuelle Erregung durch Diebstahl
Klismaphilie: Sexuelle Erregung durch Klistiere
Menophilie: Sexuelle Erregung durch menstruierende Frauen
Mysophilie: Sexuelle Erregung durch Schmutz
Ophidiophilie: Sexuelle Erregung durch Schlangen
Pecattiphilie: Sexuelle Erregung durch begangene Sünden oder Schuldgefühle
Pediophilie: Sexuelle Erregung durch Puppen
Peodeiktophilie: Exhibitionismus
Phobophilie: Sexuelle Erregung durch Angst oder Hass

Phygephilie: Sexuelle Erregung durch Flucht
Psychrophilie: Sexuelle Erregung durch Frieren oder anderen beim Frieren zusehen
Pyrophilie: Sexuelle Erregung durch Feuer oder dessen Einsatz bei Sexspielen
Scopophilie: Sexuelle Erregung durch das Angestarrtwerden von anderen
Siderodromophilie: Sexuelle Erregung durch Züge
Taphephilie: Sexuelle Erregung durch das Lebendig-begraben-werden

HILFE!!!

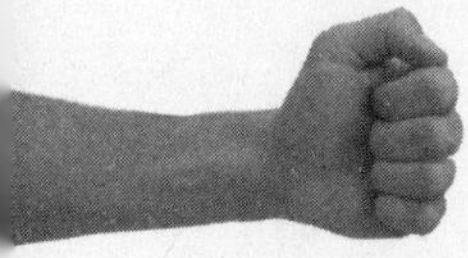

Autophagie: Selbstkannibalismus bzw. der Verzehr des eigenen Fleisches
Autosadismus: Sexuelle Erregung durch Selbstverletzung
Brachioproti-Erotizismus: eine extreme Form des Faustfickens, bei der der Arm in den Anus eingeführt wird
Dysmorphophilie: Sexuelle Erregung durch entstellte oder behinderte Partner
Emetophilie: Sexuelle Erregung durch Erbrochenes
Nosophilie: Sexuelle Erregung durch die tödliche Krankheit des Partners
Symphorophilie: Sexuelle Erregung durch das Herbeiführen eines Unglücks, eines Zusammenstoßes oder einer Explosion
Und außerdem: Alles, was mit Kindern, Inzest, Gewalt und Erniedrigung zu tun hat. Ach ja, und *Nekrophilie* – Sex mit Leichen.

Das wäre also meine Bewertung der verschiedenen »Vorlieben«, die natürlich zwangsläufig subjektiv ist. Was ich nett oder nachvollziehbar finde, kann Sie unter Umständen durchaus schockieren – und dasselbe gilt bestimmt auch umgekehrt. Doch auf eines können wir uns sicherlich alle einigen: Was Erwachsene einvernehmlich miteinander anstellen, ist ihre Privatangelegenheit. Wobei ich die Wörter »Erwachsene«, »einvernehmlich« (was auch eine gewisse Zurechnungsfähigkeit voraussetzt) und »privat« noch einmal ganz besonders betonen möchte.

* * *

Nachdem ich die obige Liste zusammengestellt hatte, mailte ich sie meinem Freund Rick, dem bereits erwähnten Erotomanen (laut Lexikon handelt es sich dabei um einen »Mann mit einem extrem starken Sexualverlangen« – also Rick, wie er leibt und lebt). Er rief mich an und beschimpfte mich als Spießer: »Bloß weil du zu den Langweilern gehörst, die dreimal die Woche Sex haben, und das auch nur in der Missionarsstellung, maßt du dir ein Urteil über die sexuellen Vorlieben anderer Leute an?! Und nur damit du's weißt: Ich hab schon einiges von dem ausprobiert, das angeblich nichts für dich ist, ja sogar ein paar Dinge, vor denen du dich dermaßen zu fürchten scheinst, dass du nicht mal darüber nachdenken willst. Und, jawoll ja, auch ein oder zwei Praktiken aus der Rubrik »Hilfe, bin ich prüde!!! – und zwar einfach deshalb, weil ich viel aufgeschlossener bin als du!«

Zum Beispiel?

»Fick dich doch selbst!«

Ich wollte gerade sagen, »Gern, aber ich bin nun mal leider kein Autopäderast (siehe oben)«, aber da hatte er bereits aufgelegt. Deshalb brachte ich nur den Satz »Ich bin kein Spießer!« heraus, vier Worte, die mich vor allem als … tja, ich fürchte, als Spießer outen.

? Was wollen Männer *wirklich*?

Diese Frage habe ich sämtlichen männlichen Freunden und Bekannten gestellt. Es wird Sie nicht besonders überraschen, dass sie sich auf Folgendes einigten:

1. **Kommen ...**
2. **... und damit davonkommen.**

? Was wollen Frauen *wirklich*?

Zugegebenermaßen würde ich darauf am liebsten antworten, »Mir doch egal!« Als Mann gehe ich einfach davon aus, dass Männer hauptsächlich Sex wollen, während Frauen ... na ja, noch viel mehr wollen als das.

Ich verallgemeinere natürlich – wer hätte das gedacht! –, aber da ist schon was dran: Frauen wollen ein Vorspiel und echte Zuneigung sowie dass man sie am nächsten Tag gefälligst anruft, während Männer nur auf eine schnelle Nummer aus sind.

Ich fürchte, dafür ist eine Art biologischer Zwang verantwortlich.

Um meinen Verdacht bestätigt zu bekommen, habe ich die sehr umgängliche Sozialanthropologin Dr. Lorraine Mackintosh aufgesucht, was mich keinerlei Überwindung kostete, da sie nicht gerade unattraktiv ist.

»Ist dafür ein biologischer Zwang verantwortlich?«, wollte ich von ihr wissen.

»Genau das ist ja das Problem mit euch Männern: Ihr schnappt irgendwelche Fachbegriffe auf wie ›biologischer Zwang‹ – und werft dann damit herum wie mit ... mit ...«

»Faulen Eiern?«

»Sie wissen schon, was ich meine. Trotzdem haben Sie nicht ganz unrecht. Hier spielt tatsächlich so etwas wie ein biologischer Zwang eine Rolle. Auch wenn die Frauen des 21. Jahrhunderts vollkommen anders leben als in der Steinzeit, haben sich bis heute überraschend viele atavistische Ängste und Triebe erhalten. Mit der wichtigste besteht darin, sich den Samen eines Alphamännchens zu beschaffen und anschließend ein Männchen zu finden – das nicht unbedingt das Alphamännchen sein muss –, mit dem man seinen Nachwuchs aufziehen kann. Der Mann wiederum möchte seinen Samen einfach nur so weit wie möglich verbreiten.«

»Der Mann will also einfach nur wild in der Gegend herumvögeln, während die Frau das volle Programm einfordert?«

»Äh, nicht ganz.«

»Na gut, aber können wir uns wenigstens darauf einigen, dass der Sex für den Mann reiner Selbstzweck ist – das Ziel, wenn man so will –, während er für die Frauen erst der Anfang ist?«

»Nein, so kann man das auch wieder nicht sagen. Rein biologisch gesehen, wollen Männer so viele Frauen schwängern wie möglich. Umgekehrt wollen Frauen nicht unbedingt ein Leben lang nur mit einem Mann zusammen sein. Das erklärt auch, warum manche Frauen – und das sind ehrlich gesagt gar nicht so wenige – sich vor allem zu Mistkerlen hingezogen fühlen. Noch einmal: Der Mann, der eine Frau schwängert, muss nicht unbedingt derselbe sein, der sich später um das Kind kümmert.«

»Ich erinnere mich dunkel.«

»Das sollte man bei dieser Diskussion nie vergessen. Die Frau will sich den besten Samen sichern, und das ist meist der des Alphamännchens, das wiederum oft ein Mistkerl ist. Nachdem sie sich von ihm hat schwängern lassen, bemüht sie sich, ihn zu halten, während er instinktiv abhauen und seinen Samen auf so viele Weibchen wie möglich verbreiten will. Das Dumme ist nur, dass die Qualitäten, die sie beim biologischen Vater sucht, nicht gerade die Qualitäten sind, die man zum Großziehen eines Kindes braucht. Daher auch der Konflikt zwischen dem Mistkerl und dem netten Mann von nebenan.«

»Und wie löst sie den Konflikt?«

»Gute Frage. Oft bleibt er ungelöst. Die Frau findet ihren

Mistkerl, aber der vögelt bald wie wild in der Gegend herum. Oder aber sie hat sich für den lieben netten Mann von nebenan entschieden, der stets für sie da ist. Doch irgendwann findet sie ihn langweilig und beginnt, sich anderweitig umzusehen …«

»Wie, nach einem Mistkerl?«

»Ganz genau«, sagte Dr. M. und schenkte mir ein entwaffnendes Lächeln.

»Männer und Frauen scheinen wirklich nicht zusammenzupassen. Unsere Spezies ist also dem Untergang geweiht?«

»Nein, natürlich nicht! Das Alphamännchen kann lernen, seine Triebe zu unterdrücken und seine übergeordnete hierarchische Stellung dazu zu nutzen, viel Geld für seine Familie zu verdienen. Schließlich liegt es im Interesse des Alphamännchens, den besten Nachwuchs zu zeugen. So gesehen lohnt es sich für ihn, in der Nähe seiner Nachkommen zu bleiben, anstatt irgendwo in der Gegend herumzuvögeln bzw. die Schrotflintentaktik anzuwenden, wie wir Experten sagen. Und noch etwas sollten Sie stets im Gedächtnis behalten: Was sagt jede Schwiegermutter als Erstes, nachdem ihre Tochter ein Kind zur Welt gebracht hat?«

»›Ganz der Vater!‹, vielleicht?«

»Jawohl, denn die Aufgabe der Schwiegermutter besteht darin, die Vater-Kind-Bindung zu stärken und ihn davon zu überzeugen, dass es wirklich sein Kind ist.«

Faszinierend.

»Und was den zuverlässigen Männertyp betrifft – also das genaue Gegenteil des Alphamännchens –, wird die Beziehung nur funktionieren, wenn es der Frau gelingt, alle Alphamännchen-Qualitäten, nach denen sie sich so sehnt, auf ihn zu projizieren.«

»Das erklärt auch, warum noch die unscheinbarsten Männer von ihren Frauen als ›Tiger‹ bezeichnet werden. Aber erklärt uns das auch, was Frauen wirklich wollen?«

Sie kicherte. »Nein, aber dafür ein Stück weit die Gesetze bei der Partnerwahl. Was sich Frauen wirklich von einem Mann wünschen, sind Pralinen alias Schokolade, und zwar Unmengen davon.«

? Ticken Männer anders?

Ja, Männer ticken anders als Frauen, und vielleicht sichert das sogar das Überleben unserer Spezies.

Es gibt biologische Zwänge und atavistische Triebe, die dafür sorgen, dass Männer anders ticken – aber rechtfertigt das auch ihr Verhalten?

Meiner Meinung nach nicht. Wir sind vielleicht darauf programmiert, uns auf eine bestimmte Art und Weise zu verhalten, aber das heißt noch lange nicht, dass wir uns nicht bemühen können, uns anders zu benehmen. Ich habe einen Freund – besser gesagt, einen Bekannten –, der sich noch neulich damit gebrüstet hat, drei Affären gleichzeitig zu haben.

Auch wenn ich seinen Namen an dieser Stelle nicht nenne (wobei er sich beim Lesen dieses Buches bestimmt wiedererkennen wird), möchte ich ihm fairerweise einen anderen Freund/Bekannten gegenüberstellen, der seine Frau zwar nicht betrügt, aber keine Gelegenheit auslässt, über sie herzuziehen.

Wer ist besser?, frage ich mich da. Der untreue Ehemann, der sich seiner Frau gegenüber loyal verhält, oder der treue Ehemann, der sich seiner Frau gegenüber illoyal verhält? Ich bevorzuge eindeutig den Ersten – und sei es nur deshalb, weil ich das Gemecker des Zweiten unausstehlich finde. Aber letzten Endes sind beide gleich schlimm: Wer dermaßen untreu ist, ist auch illoyal (wobei der Sex in diesem Fall nicht einmal das Schlimmste ist, sondern das Rumerzählen und der damit einhergehende Vertrauensbruch). Umgekehrt kann sich so viel verbale Nichtloyalität ebenfalls nur zerstörerisch auf eine Ehe auswirken.

Vielleicht sollte man eine Art Untreue-Skala festlegen. Am unteren Ende könnte das heimliche Begehren anderer Frauen stehen (Typ Jimmy Carter), und am oberen Ende das Herummachen mit der Schwester und der Mutter der eigenen Frau (etwas, das der britische Faschist Sir Oswald Mosley beinahe schaffte: Er vögelte doch tatsächlich die Schwester seiner Frau *und* ihre Stiefmutter).

Doch es gibt eindeutig noch etwas viel Niederträchtigeres, nämlich die Tochter der eigenen Ehefrau aus einer früheren Beziehung zu vögeln. Dennoch zeigen Statistiken, dass zweite oder weitere Ehen häufig daran scheitern, dass sich der Stiefvater an die Stieftochter heranmacht.

So gesehen sind folgende Herren fast schon wieder rehabilitiert: Peter Sellers zum Beispiel (er ging mit der besten Freundin seiner Frau, Ann Hayes, ins Bett), Roald Dahl (er verließ Patricia Neal nach 30 Jahren Ehe für ihre beste Freundin Felicity »Liccy« Crossland, die er anschließend heiratete) und der große Frauenheld Yves Montand – den ich übrigens persönlich kennenlernen durfte und äußerst charmant fand. Der meinte: »Meiner Meinung nach darf ein verheirateter Mann zwei, drei Affären haben. Aber drei ist das absolute Maximum. Danach ist es wirklich Betrug.«

Man kann die Unterschiede zwischen Mann und Frau jedoch auch auf ganz andere Weise aufzeigen, wie folgender E-Mail-Kettenbrief-Witz hervorragend illustriert:

TAGEBUCHEINTRAG (FRAU)
Samstag, 1. Juli 2006

Habe mich gestern Abend mit John getroffen, der sich äußerst merkwürdig benommen hat. Am Nachmittag war ich noch mit den Mädels shoppen gewesen und hatte mich etwas verspätet. Erst dachte ich, dass er deswegen sauer ist. Weil es in der Bar extrem voll und laut war, habe ich vorgeschlagen, woanders hinzugehen. Er war immer noch ziemlich mies gelaunt und irgendwie abwesend, also schlug ich ein Restaurant vor.
Doch auch dort stand er den ganzen Abend neben sich. Er lachte kaum und schien mich kaum zu beachten. Irgendwas stimmte nicht.
Als er mich nach Hause gebracht hat, fragte ich, ob er noch mit hochkommen will. Er hat gezögert, ist dann aber doch mit hoch. Ich hab ihn mehrmals gefragt, ob irgendwas ist, aber er hat nur den Kopf geschüttelt und den Fernseher angemacht. Nachdem zehn Minuten keiner ein Wort gesagt hat, meinte ich, ich würde schon mal ins Bett gehen. Ich habe ihn umarmt und ihm gesagt, wie sehr ich ihn liebe. Er hat bloß geseufzt und traurig gelächelt. Er kam mir nicht gleich nach, sondern erst viel später, und ich war überrascht, dass wir noch Sex hatten. Trotzdem wirkte er nach wie vor kühl und distanziert. Ich bekam Angst, er könnte mich verlassen. Was, wenn er eine andere hat? Ich weinte mich in den Schlaf.

TAGEBUCHEINTRAG (MANN)
Samstag, 1. Juli 2006

England hat wegen eines Elfmeters gegen Portugal verloren. Hatte aber guten Sex.

? Reden Schwule wie Schwule, weil sie schwul sind, oder werden sie schwul, weil sie wie Schwule reden?

Man kann die Grundvoraussetzung für diese Frage – nämlich dass (manche) Schwule affektiert reden – akzeptieren oder auch nicht.

Ein Mann, der sofort begriff, was ich meinte, ist Simon Fanshawe, einer der Mitbegründer der britischen Organisation *Stonewall*, die sich für die Gleichberechtigung von Lesben, Schwulen und Bisexuellen einsetzt.

Ich kenne Simon bestimmt schon seit sechzehn Jahren. Bevor wir uns begegnet sind, war ich bereits ein Riesenfan seiner Comedy-Show. Heute macht er keine Comedys mehr und ist ein erfolgreicher Schriftsteller und Rundfunksprecher.

Simon ist genauso alt wie ich und hat einen ähnlichen Hintergrund: Alles, was uns unterscheidet – von unserer sexuellen Orientierung einmal abgesehen – ist, dass er schlanker ist und noch mehr Haare auf dem Kopf hat als ich. Wie also hat er meine Frage beantwortet?

»Mache Schwule distanzieren sich durch diese Art zu sprechen unbewusst von ihrer Männlichkeit. Andere reden so, weil ihnen das Individualität verleiht. Dasselbe kann man auch bei sechzehnjährigen Heteros beobachten, die sich betont männlich geben. Die Geschichte des Schwulseins ist lange Zeit eine Geschichte des Weglaufens. Weglaufen heißt das Umfeld verlassen, in dem man aufgewachsen ist, aber auch der Versuch, sich ein neues Umfeld zu schaffen. Diese Leute wurden eradiziert.«

Wie bitte, sie wurden *was*?

»Eradiziert. Schau im Lexikon nach.« (Und das tat ich auch: »Eradizieren« bedeutet, jemanden aus seinem gewohnten Umfeld herauslösen oder entwurzeln.)

Er fuhr fort. »Wir haben also nach Männern Ausschau gehalten, die weiblicher waren. Daher die Stimme. Daher die schwule Art zu reden. Die Leute haben sich auf eine bestimmte Art zu reden geeinigt, aber das gibt es in vielen Kulturen. Du brauchst nur nach Chelsea zu gehen und der Mittelschicht zuhören: Auch die verständigt sich in einem ganz bestimmten Ton, einer Art Dialekt. Heutige Schwule stehen auf das affektierte Getue, das sie vollkommen unbekümmert zur Schau stellen können. Das ist *camp*, ein bißchen übertrieben, ein bißchen Hetero-Lebensart-Parodie. Inzwischen ist es eine Art Slang, den alle Männer – seien sie nun schwul oder hetero – verwenden können. Du solltest dir mal beim Reden zuhören, Mitch. Glaub mir, du redest manchmal affektierter als ich!«

»Quatsch«, entgegnete ich. Doch je mehr ich darüber nachdenke, desto mehr muss ich zugeben, dass er recht hat. Meine affektiertesten Freunde, sozusagen *camper* als alle anderen, sind (soweit ich weiß) ausnahmslos hetero, und meine schwulen Freunde reden eigentlich alles andere als »schwul« daher.

Aber nicht nur ihr affektiertes Sprechen wirft man den Schwulen vor.

Es gibt auch das gegenteilige Vorurteil, zum Beispiel, dass alle Schwule von Kopf bis Fuß in Leder gekleidet sind, um ihre Männlichkeit auf eine fast schon übertriebene Weise darzustellen.

Von *Brokeback Mountain* ganz zu schweigen.

Nein, Simon hat recht, es gab viele solche »Entwurzelungen«, die sich sowohl auf die Homo- als auch auf die Heterokultur ausgewirkt haben.

»Trotzdem, Simon, gilt dasselbe auch für den affektierten Gang von manchen Schwulen?«

»Natürlich.«

»Na gut, und hier kommt die Millionenfrage: Ist Homosexualität angeboren oder erworben?

»Angeboren. Doch wer glaubt, dass es hier einen monokausalen Zusammenhang gibt, der irrt: Es existiert keinerlei ›Schwulen-Gen‹, auch wenn uns die konservative Presse gern etwas anderes weismachen würde. Lies doch mal das Buch *Du bist, was du bist. Die genetische Basis der sexuellen Orientierung* von Chandler Burr. Und trotzdem: Selbst wenn es angeboren und nicht erworben ist, müssen wir unsere Eltern doch nicht unnötig schockieren. Wenn man sein Coming-Out hat, dann bitte möglichst diskret. Zum Beispiel, indem man seiner Mutter beim Weihnachtsessen sagt: »Bitte reich dem Homosexuellen doch mal die Sauce.«

? Woher stammt das Wort F*** oder F***en?

Ursprünglich hielt ich das englische Wort *»fuck«* immer für ein Akronym von *»found under carnal knowledge«* (dt.: »Der Unzucht überführt«), ein Spruch, der in Irland auf Prangern stand, an die man Ehebrecher stellte. Aber ich wollte das noch einmal überprüfen und wandte mich ohne große Begeisterung an die Linguistin und Philologin Dr. Caron Landy (was die Leser meines Buches *Warum Frauen nicht werfen können* sicherlich verstehen werden).

Sie war genauso wenig gewinnend wie beim letzten Mal – allein ihr »Wie bitte?«, mit dem sie meine Frage konterte, sprach Bände und beweist, dass sie keine besonders hohe Meinung von mir hat. Aber als sie dann erst mal mit ihren Erklärungen anfing, war sie kaum noch zum Schweigen zu bringen.

»Nein, *›fuck‹* ist kein Akronym für *›found under carnal knowledge‹* und auch sonst keine Abkürzung.«

»Aha«, sagte ich triumphierend, »dann ist das wohl wieder so ein Beispiel für ein nachträgliches Akronym?«

»Sagte ich das nicht bereits? Das Wort, nach dem Sie so vergeblich suchen, heißt Backronym. SOS ist so ein Backronym, von dem die meisten Leute behaupten, es stünde für *»save our ship«* oder *»save our souls«* – obwohl es ursprünglich für gar nichts stand.«

Damit hatte sie mich sofort in meine Schranken verwiesen.

»Die Herkunft des Wortes liegt erstaunlicherweise weitgehend im Dunkeln. Aber es gibt ähnliche Wörter im Mittelhochdeutschen, Dänischen und Schwedischen, die ›schnell hin und herbewegen, reiben‹ bedeuten.«

Jetzt verstehe ich.

»Wahrscheinlich handelt es sich um ein Wort germanischen Ursprungs. Im *Oxford English Dictionary* steht Folgendes: »Das frühmoderne englische *fuck* oder *fuk* ist vom mittelenglischen *fuken* abgeleitet. Das deutsche *ficken* ist damit ebenso verwandt wie das niederländische *fokken*, was züchten bedeutet.«

»War das schon immer … na ja, ein unanständiges Wort?«

»Ja. In England wurde es erstmals Ende des 15. Jahrhunderts verwendet – und auch da nur kodiert –, und zwar in einem Gedicht namens *Flen Flyys*, das sich über die Karmelitermönche von Cambridge lustig macht. Darin heißt es sinngemäß, die Mönche seien nicht im Himmel, da sie die Frauen von Ely gef***t hätten.«

Faszinierend.

»Das Wort galt als dermaßen unanständig, dass es erst 1972 in das *Oxford English Dictionary* aufgenommen wurde.«

? Warum dachte man früher, dass masturbieren blind macht?

Bevor ich diese Frage beantworte (oder es wenigstens versuche), möchte ich vorausschicken, dass ich ganz einer Meinung mit Woody Allen bin, der die altbekannte Handentspannung als »Sex mit jemandem, den man liebt« bezeichnet hat. Und wer will schon Truman Capote widersprechen (auch so ein kleiner Wichser), der meinte, »das Gute an der Selbstbefriedigung ist, dass man sich dafür nicht extra in Schale schmeißen muss«?

Tatsächlich witzele ich selbst oft, dass ich zwar erst spät damit angefangen, aber zwischen sechzehn und achtzehn so viel gewichst habe, dass ich beinahe erblindet wäre. Ich sage das stets mit todernster Stimme, und die meisten scheinen mir auch zu glauben – wenigstens für den Bruchteil einer Sekunde.

Selbstverständlich kann man vom Masturbieren nicht blind werden, oder? Red keinen Unsinn, Mitch, natürlich wird man davon nicht blind! Bist du sicher? Ja. Zu hundert Prozent? Ja. Würdest du auch dein Haus drauf verwetten? Na gut, lass mich die Sache lieber noch mal recherchieren.

Wieder einmal wandte ich mich an einen alten Bekannten, nämlich den Arzt Dr. Roland Powell, der mir schon so manche Frage beantwortet hatte, um mir meine Behauptung bestätigen zu lassen.

»Das soll wohl ein Witz sein?«

»Nein, eigentlich nicht.«

»Na gut, dann beruhigt es Sie vielleicht, wenn ich Ihnen sage, dass nicht die geringste Chance besteht, dass Sie – oder irgendjemand anders – erblindet, nur weil er so viel masturbiert. Die einzige Konsequenz übertriebenen Masturbierens sind wunde Genitalien.«

Während wir uns unterhielten, fiel mir auf einmal der Song *Turning Japanese* von den Vapors ein, der angeblich von den Freuden der Selbstbefriedigung handelt. Denn wenn Männer kurz vor dem Höhepunkt stehen, schließen sie halb die Lider, was sie japanisch aussehen lässt. »Vielleicht«, erklärte ich dem guten Mann, »erklärt das ja die Angst vor dem Erblinden?«

»Ich weiß nicht, ob ich Ihnen da ganz folgen kann. Aber auf jeden Fall wurden diese Ängste bewusst geschürt, um Jungen vom Masturbieren abzuhalten.«

Ich recherchierte weiter und stieß auf einen Arzt namens Samuel August Tissot, der 1760 *»Von der Onanie oder Abhandlung über die Krankheiten, die von der Selbstbefleckung herrühren«* schrieb. Dieses nette kleine Bändchen, das noch im 20. Jahrhundert verlegt wurde, sollte Generationen pubertierender Jungs so verstören, dass sie die Hände über der Bettdecke ließen. Darin beschreibt Tissot einen Hausbesuch bei einem armen Kerl, der angeblich an der »Post-Masturbations-Krankheit« gelitten haben soll.

»Ich ging zu ihm nach Hause, und was ich dort vorfand, war weniger ein menschliches Wesen als ein auf Stroh gebetteter Leichnam, so dünn, blass und reglos war er. Außerdem ging ein unerträglicher Gestank von ihm aus. Hellrotes, wässriges Blut lief ihm aus der Nase, und er murmelte wirres Zeug. Von Darmkrämpfen heimgesucht, kotete er in sein Bett, ohne es überhaupt zu bemerken. Unablässig strömte der Samen aus ihm heraus, sein verschleierter, lebloser Blick war wie erstarrt, sein Puls war extrem schwach und raste, sein Atem ging mühsam. Er wirkte abgezehrt, bis auf die Füße, die Ödeme aufwiesen. Dass er auch geistig verwirrt war, war offensichtlich. Er konnte keinen klaren Gedanken äußern und sich an nichts erinnern, ja er brachte keine zwei zusammenhängenden Sätze zustande. Er hatte furchtbare Angst um sich und verspürte große Schmerzen, die ihn mindestens alle drei Tage erneut übermannten. Er befand sich weit unter dem Niveau eines Tieres und bot einen unvorstellbar schrecklichen Anblick. Es war kaum zu fassen, dass er einmal zur menschlichen Rasse gehört hatte ... Nach mehreren Wochen starb er im Juni 1757, sein ganzer Körper war von Ödemen bedeckt.«

Und das nur, weil er ein bisschen zu viel auf seiner Flöte gespielt hatte!

Diese Panikmache von Tissot und Konsorten hatte zur Folge, dass ein reges Interesse an »Kuren« bestand, die die jungen Leute davon abhalten sollten, sich selbst zu befriedigen.

Dr. Benjamin Rush, einer der Unterzeichner der amerikanischen Unabhängigkeitserklärung, empfahl »eine vegetarische Ernährung, Mäßigung, harte körperliche Arbeit, kalte Bäder, das Meiden von Obszönitäten und Musik, ein konzentriertes Studium der Mathematik, militärischen Ruhm, und wenn nichts anderes mehr hilft, Rizinusöl.«

John Harvey Kellogg, der Cornflakesfabrikant, war strikt gegen die Selbstbefriedigung, die, wie er glaubte, zu Faulheit, abnormen sexuellen Leidenschaften, Völlerei und sitzenden Tätigkeiten führt.

Was gar nicht mal so unplausibel klingt.

Kelloggs – Entschuldigung, Dr. Kelloggs – sagte zum Thema Selbstbefriedigung: »Das widerwärtigste Reptil, das sich in Schlamm und Schlick seines Tümpels suhlt, kennt kein derart erniedrigendes Verhalten«. Er glaubte, eine Schüssel Cornflakes würde die jungen Männer auf andere Gedanken bringen.

Wenn auch das nicht funktionierte, befürwortete Kellogg eine 15-minütige Behandlung der Harnröhre mit elektrischen Stromstößen, die zwei- bis dreimal die Woche wiederholt wurde. Er arbeitete auch mit der sogenannten *bougie*, einem langen, biegsamen Schlauch aus Gummi oder Metall, der in die männliche Harnröhre eingeführt wurde und durch den oft noch zusätzlich eine ätzende Dosis verbrannten Alauns, Silbernitrats oder irgendeiner anderen giftigen Substanz abgegeben wurde.

Kellogg plädierte auch dafür, die Genitalien der Jungen zu bandagieren und/oder ihre Hände während der Nacht an die Bettpfosten zu fesseln.

Andere damalige Abschreckungsmethoden beinhalteten das Aufsetzen von Blutegeln auf die Oberschenkelinnenseiten, den Einsatz von Zwangsjacken, kalten Wickeln oder nassen Laken, das Zufügen von Verbrennungen im Intimbereich mithilfe von heißen Eisen oder den Einsatz von Metallhandschuhen. Neben der Infibulation und Penisringen mit Metalldornen, die sich in den Penis bohren, sobald er steif wird, gab es noch viele weitere Antimasturbationsmaßnahmen wie den Genitalkäfig, der Federn besaß, die Hoden und Penis des Jungen an Ort und Stelle hielten, sowie ein Hilfsmittel, das Alarm auslöste, sobald der Junge eine Erektion bekam. Und wenn das alles nichts half, gab es schließlich immer noch die Kastration.

Auch Mädchen blieben nicht verschont. Es gab metallene Vulvakäfige und, um auf Nummer sicher zu gehen, sogar den Brauch, die Klitoris zu entfernen (eine furchtbare, auch als Beschneidung bezeichnete Praxis, die in Teilen Afrikas heute noch verbreitet ist.)

Im Vergleich dazu nehmen sich sogenannte Kuren mit Kaliumbromid, scharfem Pfeffer, Salzsäure oder Quecksilber regelrecht harmlos aus, wenn sie auch bestimmt nicht so lustig waren wie die mit Opium oder Marihuana, das man manchen Jungen gab, um sie vom Masturbieren abzulenken.

Dabei fiel es ihnen bestimmt schwer, *nicht* daran zu denken – vor allem, wenn sie ihre viktorianischen Eltern ins Wachsmuseum mitschleiften, wo ihnen die schrecklichen Auswirkungen der Post-Masturbations-Krankheit vorgeführt wurden.

Mittlerweile ging man sogar so weit, die Schulen mit Antimasturbationsbänken auszustatten, die so gestaltet waren, dass sich die Oberschenkelinnenseiten eines Knaben nicht berühren konnten. Doch wer weiß? Vielleicht hätte so eine Bank den französischen Autor André Guide davor bewahren können, von der Schule geworfen zu werden, weil er im Unterricht masturbiert hatte.

Diese Obsession in Sachen Masturbation lässt sich vielleicht auch mit der viktorianischen Überzeugung erklären, dass der Mann nur eine begrenzte Menge an Samenflüssigkeit zur Verfügung hat, die er nicht durch die Masturbation verschwenden, sondern für jene Frau aufheben soll, mit der er die Söhne und Töchter zeugt, die das British Empire am Laufen halten. Zu viktorianischer Zeit glaubte man auch, dass dieses Samenreservoir am Ende der Wirbelsäule säße. Natürlich waren die Leute damals komplett verrückt und kamen nur deshalb auf diese Idee, weil ein Mann dort während der Ejakulation eine Art Zucken spürt. Zumindest bei mir ist das so.

Die Überzeugung, dass jedem Mann nur eine bestimmte Anzahl von Ejakulationen zusteht, hielt sich bis weit ins 20. Jahrhundert. Noch Ernest Hemingway zum Beispiel behauptete allen Ernstes, dass »die Anzahl möglicher Orgasmen bereits von Geburt an festgelegt ist und nacheinander verbraucht wird. Ein junger Mann sollte also nur selten Sex haben, denn sonst bleibt nichts mehr für später übrig.«

Aus heutiger Sicht ist es wirklich unglaublich, welchen Aufwand durchaus intelligente Männer betrieben, um Jungen von einem ganz natürlichen Verhalten abzuhalten. Man muss das Phänomen natürlich im Kontext der damaligen höchst verklemmten Zeit betrachten, in der jede Form von Selbstbefriedigung oder Selbstverwirklichung mit Stirnrunzeln betrachtet wurde – ja, man ging sogar so weit, jede Form von Misshandlung zu erlauben, wenn sie nur das Masturbieren verhinderte.

? Ist Sodomie unmoralisch?

Gedankenverloren googelte ich diese drei Worte und bekam nur vier Ergebnisse.

Eines davon war jedoch hochinteressant: In einem Blog (»*The daily Kos*«) hatte ein Mann namens Neil Sinhababu genau dieselbe Frage gestellt. Ich kontaktierte ihn und erhielt die Erlaubnis, Ihnen das Ergebnis dieser Diskussion mitzuteilen.

Er schrieb: »Ich fand es noch nie unmoralisch, wenn ein Mensch Sex mit einem nichtmenschlichen Tier hat. Nicht, dass ich das jemals tun würde, aber wenn ich herausfinden würde, dass es ein Bekannter tut, wäre ich eher amüsiert als schockiert. Ich bin neugierig, was andere über dieses Thema denken.«

Dann fuhr er fort: »Ich spreche hier nur von Fällen von Sodomie, wo weder Tier noch Mensch irgendein Leid zugefügt wird und sich beide amüsieren. Außerdem möchte ich voraussetzen, dass bei diesen sexuellen Handlungen keine neuen Krankheiten von einer Art zur anderen überspringen können.

Als Utilitarist in moralischen Fragen bin ich der Meinung, dass ein Verhalten dann gut ist, wenn es zum allgemeinen Glück beiträgt und hilft, Leiden zu verringern. Schlecht ist ein Verhalten dann, wenn es das allgemeine Glück verringert und das Leiden in der Welt vermehrt. (Kompliziert wird es da, wo der Mensch in bester Absicht handelt, das Ergebnis jedoch trotzdem schlecht ist und umgekehrt. Aber diesen Fall wollen wir an dieser Stelle einmal ausschließen.) Der Utilitarismus ist mit meiner Einstellung zur Sodomie durchaus vereinbar. Die Aussicht auf Lust und die Abwesenheit von Leid legt für mich nahe, dass Sex mit Tieren in Ordnung ist. Trotzdem glaube ich, dass die meisten Menschen etwas gegen Sodomie haben, ohne dass sich das utilitaristisch begründen ließe.«

Nach der Lektüre einer solch fundierten, philosophischen Schlussfolgerung werden Sie (wie ich und zweifellos auch Neil) überrascht sein, dass 92 Personen von den 106 Leuten, die an der Abstimmung teilnahmen, Sodomie für etwas Unmoralisches hielten. Sieben waren unentschieden und nur sieben von 106 fanden, »dass an einer Person, die Sex mit einem Tier hat, moralisch nichts auszusetzen ist«.

Ich persönlich bewundere Neils utilitaristische Argumentation, würde mich allerdings trotzdem der Meinung der Mehrheit anschließen. Ganz einfach deshalb, weil der Utilitarismus dieses Thema, wie Neil selbst zugibt, nicht abdeckt. In der Tat war es der Vater des Utilitarismus, Jeremy Bentham, selbst, der – weil sich der Utilitarismus nicht auf Tiere anwenden lässt – sagte, »Die Frage ist nicht, ›Können sie denken?‹ oder ›Können sie reden?‹, sondern ›Können sie leiden?‹«

Und was das Leid anbelangt, spricht nichts dafür, dass ein Tier unter der Sodomie mehr zu leiden hat als beispielsweise unter der Massentierhaltung, gefolgt von einer Fahrt zum Schlachthof. Ja, wahrscheinlich ist die Sodomie im Vergleich dazu wesentlich weniger schlimm.

Doch zurück zu den menschlichen Teilnehmern dieser Umfrage. Wie eingangs erwähnt, ist meine Herangehensweise an sexuelle Themen folgende: Alles ist erlaubt, solange es von Erwachsenen einvernehmlich in privatem Rahmen ausgelebt wird. Bei der Sodomie muss man sich allerdings fragen, inwieweit sie wirklich einvernehmlich sein kann. Wenn man außerdem berücksichtigt, dass sodomistische Fotos in der Pornographie weit verbreitet sind und fast immer dazu dienen, den Menschen (und zwar meist die Frau) zu erniedrigen, bekommt die ganze Angelegenheit meines Erachtens nach doch einen so negativen Beigeschmack, dass auch ich die Sodomie – selbst in ihrer abstrakten Form – als unmoralisch empfinde.

Allerdings mit einer Einschränkung: Wenn Sodomie Sex mit Tieren bedeutet, steht Zoophilie (wie ihre Anhänger es nennen) für Liebe mit Tieren (wenn auch für körperliche Liebe). Es mag einen Unterschied geben, ich bleibe aber dabei, dass zwischenartlicher Sex »etwas Schlechtes« ist.

Zum Glück sind Paarungen zwischen Mensch und Tier äußerst selten. Trotzdem kann ich Ihnen versichern, dass der Pornostar Linda Lovelace in einem einschlägigen Film Sex mit einem Hund hatte. Dass der viktorianische Dichter Algernon Swinburne es mit seinem zahmen Affen zu treiben pflegte (den er später tötete und aufaß, weil er einen seiner Gäste gebissen hatte). Und dass Larry Flynt 1948 eine sexuelle Erfahrung mit einem Huhn hatte, von der er in seinem Buch *Sex, Lies & Politics: The Naked Truth* berichtet.

? Können offene Ehen funktionieren?

Wie die meisten Menschen neige auch ich dazu, von mir auf andere zu schließen. Und so möchte ich die Beantwortung dieser Frage mit der Feststellung beginnen, dass ich seit 23 Jahren glücklich verheiratet bin, aber eine der Grundvoraussetzungen für mein – oder hoffentlich unser – Eheglück darin besteht, dass es sich um eine monogame Beziehung handelt. Bevor ich meine Frau Penny kennenlernte, war ich maximal 48 Stunden lang mit einer Frau zusammen – und auch das nur, weil mich ein Hexenschuss dazu zwang. Vor Penny war ich gelinde gesagt eine Art männliche Schlampe, doch jetzt bin ich meiner Frau absolut treu (wenn auch nicht immer in Gedanken). Dabei geht es mir nicht um Treue um der Treue willen – eine meiner Meinung nach ohnehin überschätzte Tugend, der ich so etwas wie Loyalität oder einen liebevollen Umgang im Alltag bei Weitem vorziehe: Für mich ist das Herummachen mit anderen Frauen schlichtweg der Anfang vom Ende. Wie sagte der verstorbene Richard Burton noch so schön? »Sobald man anfängt, sich innerlich von der Monogamie zu verabschieden, kann einen nichts mehr zufriedenstellen.« Ich fürchte, genauso würde es mir auch gehen.

Und trotzdem wäre es dumm zu behaupten, dass nur die Monogamie allein seligmachend ist. Vor allem wenn das Überleben unserer Art – wie mir Anthropologen versicherten – davon abhängt, dass Männer ihren Samen so weit wie möglich verbreiten. Letzten Endes gilt, was schon Somerset Maugham sagte: »Sie wissen sicherlich, dass die Tasmanier, die niemals Ehebruch begingen, ausgestorben sind.« Manche Männer gehen sogar so weit zu behaupten, dass ihr Wunsch, mit möglichst vielen Frauen zu schlafen, fest in der männlichen Psyche verwurzelt sei. Ich weiß noch, wie der Entertainer George Burns sagte: »Wenn Sie mit Marilyn Monroe verheiratet wären, würden Sie sie mit irgendeinem unscheinbaren Mädchen betrügen.«

Wie bereits erwähnt, unterliegt eine Frau anderen anthropologischen Zwängen. Sie muss einen Mann finden, der sich um sie und ihr Baby kümmert. Interessanterweise muss das nicht der Mann sein, der sie auch geschwängert hat. Alles weist darauf hin, dass Frauen nach dem größten Alphamännchen Ausschau halten (bzw. nach dem größten Mistkerl weit und breit), um sich von ihm schwängern zu lassen, und gleich danach nach einem Mann, der sich um sie und ihr Baby kümmern kann. In unserer modernen Gesellschaft wird sie zwangsläufig versuchen, einen Mann zu finden, der beide Qualitäten mitbringt. Aber ihr urzeitliches Bedürfnis, ihren Mann zu halten, sitzt tief.

Da Frauen also darauf programmiert sind, ihre Männer zu betrügen, bevor sie Mutter werden, und Männer darauf, zu betrügen, nachdem sie Vater wurden, grenzt es fast an ein Wunder, dass die Scheidungsrate nicht noch viel höher ist. Aber dass dem nicht so ist, haben wir einzig und allein der Liebe, der Treue und der menschlichen Fähigkeit zu verdanken, sich von solchen atavistischen Konditionierungen zu befreien.

So gesehen könnte man eine offene Ehe weniger als Schwäche, sondern eher als raffiniertes Arrangement betrachten, die Struktur – wenn auch nicht das Wesen – der Ehe zu erhalten.

Mein Freund Tim und seine Frau Jill führen eine offene Ehe. Obwohl Tim und Jill kaum eine Gelegenheit auslassen, über ihr – gähn! – Liebesleben zu berichten, habe ich ihre Namen geändert, um ihre Kinder zu schützen (von denen eines gerade erst zwölf ist). Sie führen ihre offene Ehe jetzt schon seit über zwei Jahren und behaupten, dass das ihre Beziehung überhaupt nicht belaste, sondern im Gegenteil intensiviere. Sie gehen sogar zusammen auf Swinger-Partys und praktizieren Partnertausch. Ich persönlich kann mir nichts Grässlicheres vorstellen, aber sie scheinen dabei regelrecht aufzublühen – zumindest Jill. Doch da es auch so schon schwer genug ist, einen Partner mit demselben Sexualtrieb zu finden, ist es mehr als unwahrscheinlich, dass das Bedürfnis nach einer offenen Ehe bei beiden Partnern gleich stark ist. In jeder offenen Ehe muss es also einen Anstifter geben. Aus bekannten Gründen ist das meist der Mann, aber in diesem Fall war es Jills Idee. Nach ihrer Entdeckung, dass Tim auf einer Geschäftsreise einen One-Night-Stand gehabt hatte, beschloss sie, sich zu revanchieren, indem sie mit dem Architekten ins Bett ging, der gerade ihr Haus umbaute.

Anscheinend genoss sie es derart, dass sie Tim weismachte, eine offene Ehe sei ihre einzige Rettung. Bei den beiden scheint das tatsächlich zu funktionieren, wenn ich da auch so meine Zweifel habe. Zum einen, weil sie viel zu offensiv damit umgehen, so nach dem Motto »Komm schon, das Wasser ist herrlich!« Zum anderen, weil bestimmt irgendwann der Moment kommt, wo a) einer von beiden – wahrscheinlich Tim – beschließt, wie herrlich friedlich es nach all dem Trubel auf der Chaiselongue doch im Doppelbett ist, oder b) einer von ihnen – wahrscheinlich Jill – jemanden findet, der ihr mehr bedeutet als nur eine schnelle Nummer und mit dem sie durchbrennt.

Aber wer weiß? Bis es so weit ist, haben die beiden jede Menge fantastischen Sex. Wer ist hier also der Dumme?

Paare, die eine offene Ehe führten

Camilla & Andrew Parker-Bowles
Harold & Grace Robbins
Bertrand Russell & Dora Black

Carl & Emma Jung
Aneurin Bevan & Jennie Lee
John F. & Jacqueline Kennedy
Terry & Alison Jones
Leonard & Virginia Woolf
Lord Louis & Lady Edwina Mountbatten
William & Jane Morris
Salvador & Gala Dalì
Harold Nicolson & Vita Sackville-West
Dimitri & Nina Schostakowitsch
David & Angie Bowie
Gary & Veronica (Rocky) Cooper
Sir William & Lady Emma Hamilton
Horatio & Fanny Nelson
Marlene Dietrich & Rudolf Sieber
Lyndon & Lady Bird Johnson

Welche Schlussfolgerungen können wir aus dieser Liste ziehen (außer der, dass ich fantastisch recherchieren kann)? Manche dieser Ehen haben gehalten, andere sind grandios gescheitert. Und vielleicht führte die offene Ehe bei Letzteren ja dazu, dass sie immerhin noch ein wenig länger hielt. Aber was fällt an all diesen Namen auf? Richtig, die Betroffenen sind so gut wie alle tot. Und das liegt nicht nur an meinem Respekt vor Beleidigungsklagen. Meiner Meinung nach stammt die ganze Diskussion um die offene Ehe aus einer Zeit, in der man noch heiraten musste und eine Scheidung viel zu skandalös und teuer war. Heute, da man ungestört »in Sünde« leben und mehrere Lebensabschnittspartner haben kann, ohne dass sich noch irgendjemand darüber aufregt – wer braucht da noch eine offene Ehe?

? Wenn ich Sklave einer Domina bin – wer bezahlt dann wen?

Wenn ich etwas unbedingt will, muss ich auch dafür bezahlen. Doch warum sollte ich dafür bezahlen, ein Sklave zu sein? Beim Sklavesein geht es doch hauptsächlich darum, jemandem zu gehören – und nicht darum, jemanden dafür zu bezahlen, dass man ihm gehört oder? Stellt das nicht das empfindliche Gleichgewicht der Herr-Sklave-Beziehung völlig auf den Kopf? Wie hätte sich das wohl auf den Sklavenhandel im 18. Jahrhundert ausgewirkt, wenn die Sklaven ihre Herren hätten bezahlen müssen? Simon Legree wäre arbeitslos geworden (was nicht das Schlechteste gewesen wäre).

Zum Glück ist die erste Domina, die ich ausfindig mache, sofort ein Volltreffer: Mistress Mia, die sich wie folgt beschreibt:

> **»Ich, Mistress Mia, suche nach einem ganz besonderen, kleinen Sklaven. Du wirst dich um meinen gesamten Haushalt kümmern, mich zum Shoppen ausführen und auch sonst alles tun, was ich von dir verlange. Wenn du nicht von Freitag bis Sonntag bleiben kannst, brauchst du dich gar nicht erst zu melden. Wenn doch, worauf wartest du dann noch, mein Sklave? Deine Herrin erwartet dich. Ruf mich an unter ...«**

Also habe ich sie angerufen, ihr von diesem Buch erzählt und ihr obige Frage gestellt.

Sie lachte. »Die bezahlen mich!«

»Wie viel?«

»120 Pfund die Stunde.«

»Aber doch nicht, wenn sie ein ganzes Wochenende bleiben oder?«

»Nein, ein ganzes Wochenende ist natürlich billiger.«

»Trotzdem ist das doch ganz schön viel Geld dafür, dass sie Ihre Einkäufe erledigen und Ihre Anweisungen befolgen müssen. Für mich klingt das nach einem ganz normalen Samstagvormittag im Leben eines verheirateten Mannes.«

Sie kicherte.

Ich wollte ihr schon die entscheidende Frage stellen, nämlich ›Warum machen Männer so was?‹ Doch plötzlich wusste ich, warum. »Es geht um Machtspiele und das Ausleben von Fantasien, oder?«

Mistress Mia konnte mir das nur bestätigen. »Es gibt da draußen viele Männer, die …« Sie verstummte, aber ich begriff genau, was sie meinte.

Aus irgendeinem Grund schämte ich mich. Aus einem bestimmten Grund, wenn ich ehrlich bin. Schon wieder habe ich mich über die Bedürfnisse/Probleme/Ventile anderer Leute lustig gemacht. Nur weil ich keinerlei Bedarf an einer Mistress Mia habe, heißt das noch lange nicht, dass ich andere deswegen verspotten darf.

Wir telefonierten noch eine ganze Weile. Sie ist eine prima Frau (so Mitte 40, würde ich sagen), die ihren Kunden mit großer Toleranz (und manchmal auch Zuneigung) begegnet. »Ich bin von Natur aus dominant. Ich bin sehr bestimmend, und die Männer lieben das. Mit fortschreitendem Alter werde ich immer bestimmender.«

Praktisch: Als Domina muss man also nie in Rente gehen. Je älter eine Domina wird, desto attraktiver ist sie – zumindest für manche Leute.

Ich recherchierte auch noch im Internet nach ihr:

»hallo, sklaven und all ihr anderen subs, runter auf die knie vor eurer göttin! brav. inzwischen halte ich auch sitzungen in Dover ab, mi und sa von 11 bis 11. Ich verfüge über ein voll ausgestattetes verlies und bediene fast alle fetischisten, GV und bodyworship. also kriecht zu eurer göttin, damit ich eure lippen küssen und eure seele erobern kann.«

Gut, stilistisch ist sie vielleicht keine große Leuchte – aber ihre Botschaft kommt an.

Auch wenn ich keinerlei Interesse daran habe, in einem Verlies gefoltert zu werden (egal, wie gut es ausgestattet ist – im Gegenteil, ich würde sogar gutes Geld dafür bezahlen, mich KEINER solchen Behandlung unterziehen zu müssen) –, scheint es eindeutig Männer zu geben, die genau das mögen. Vielleicht gehören Sie ja auch dazu.

Viel Glück dabei!

? Viele Männer lassen sich bekanntlich zu Frauen operieren, aber lassen sich auch Frauen in Männer umwandeln?

Ich habe das Vergnügen, mit einem netten jungen Mann namens Bryn befreundet zu sein … der einmal eine nette junge Frau namens Bee war.

Bryn hat mir erzählt, dass es wahrscheinlich genauso viele transsexuelle Männer (also Frauen, die zu Männern werden) gibt wie transsexuelle Frauen – zumindest was ihre Lebensweise betrifft. Wenn es jedoch um medizinische Eingriffe – also um die Einnahme von Hormonen und Operationen – geht, gibt es mehr Transfrauen als Transmänner. Nur Polen verzeichnet mehr Geschlechtsumwandlungen in Richtung Frau-zu-Mann als umgekehrt.

Dass sich nur relativ wenige transsexuelle Männer medizinisch helfen lassen, um als Mann zu leben, liegt laut Bryn daran, »dass es in unserer Gesellschaft einfach leichter ist, als Frau wie ein Mann zu leben, als umgekehrt.«

Auch wenn ich mich durchaus für tolerant halte, muss ich gestehen, dass ich alles andere als ein Metrosexueller bin. Trotzdem hatte ich nie Schwierigkeiten, Bee als Bryn zu akzeptieren.

Auch wenn sie nicht extrem maskulin aussah, wirkte sie mit ihrem eckigen, flachen Körper und dem strengen Kurzhaarschnitt nie wie eine wirkliche Frau. Dafür hatte sie schon immer eine sehr schöne Stimme, die, zu seinem Glück, auch jetzt noch sehr angenehm klingt, wenn auch deutlich tiefer. Als sie mir erzählte, dass sie eine Geschlechtsumwandlung vornehmen lassen würde, war ich nicht besonders überrascht, sondern eher erleichtert. Denn Bee war eine Lesbe, und obwohl ich keine Probleme damit habe (meine Stiefschwester ist ebenfalls Lesbe), hatte ich doch ständig das Gefühl, aufpassen zu müssen, was ich sagte. Nicht, weil Bee besonders empfindlich gewesen wäre – im Gegenteil –, sondern weil ich einfach dazu neige, in ein Fettnäpfchen nach dem anderen zu treten. Deshalb bemühte ich mich in ihrer Gegenwart stets, Wörter wie »Butch«, »Dyke« oder »Femme« zu vermeiden (Wörter, die mir ohnehin nur selten über die Lippen kommen), und strengte mich an, meine – ähem – manchmal etwas frauenfeindlichen Bemerkungen zu unterdrücken.

Unterhaltungen, die mit dem Satz anfingen »Ach, Frauen!« oder »Diese verdammten Frauen! Mit ihnen geht's nicht, aber ohne auch nicht!« waren mit Bee einfach unmöglich. Bei ihr hatte ich immer das Gefühl, auf rohen Eiern zu laufen.

Doch nachdem mir Bee von ihren Plänen erzählt hatte, konnte ich endlich reden, wie mir der Schnabel gewachsen war!

Und machte ausgiebig Gebrauch davon.

Bryn ist da wesentlich gemäßigter und höflicher. Man hätte meinen sollen, dass er sein neues Geschlecht stolz zur Schau stellt, aber nichts da: Bryn verhält sich als Mann genauso wie vorher als Frau. Und obwohl er sein Gewicht gehalten hat (minus das Gewicht seiner Brüste), wirkt er wesentlich schlanker und fitter. Außerdem spürt man deutlich – zumindest erlebe ich das so –, dass er sich wesentlich wohler in seiner Haut fühlt.

Mit anderen Worten: Bryn ist ein prima Kerl!

? Und wenn sich eine Lesbe einer Geschlechtsumwandlung unterzieht – hört ihre lesbische Partnerin dann auf, eine Lesbe zu sein?

Wieder einmal habe ich das Glück, in Bryn einen kompetenten Experten zu haben.

Als Bee lebte er in einer lesbischen Beziehung mit Sarah. Aber jetzt, wo Sarah eine sexuelle Beziehung zu einem Mann unterhält – ist sie da heterosexuell?

»Nein«, sagt Bryn und scheint die intellektuelle Herausforderung durch dieses Rätsel regelrecht zu genießen. (Sehen Sie? Er ist eindeutig ein Mann!) »Sie ist immer noch lesbisch. Dass sie erst in Bee verliebt war und jetzt Bryn liebt, bedeutet nicht, dass sie sich verändert hat. *Ich* habe mich verändert, nicht sie.«

Trotzdem …

»Ja, ich weiß, was du sagen willst. Tatsache ist, dass sie mich liebt, und zwar mich, ob ich nun Bee, Bryn oder sonstwie heiße. Ich bin derselbe Mensch wie vorher – unabhängig von meinem Geschlecht.«

Na gut.

»Und wenn wir uns je trennen sollten …«

– was Gott verhüten möge –

»… wäre Sarah immer noch lesbisch und würde sich zweifellos mit einer anderen Frau zusammentun.«

»Verstehe«, sagte ich.

Und so unglaublich das klingen mag: Ich verstehe ihn wirklich.

? Ist es schon einmal vorgekommen, dass ein Mann zu einer Prostituierten ging und dort auf eine Bekannte traf?

Das muss doch ein Albtraum sein! Ein Typ geht zu einer Prostituierten und trifft dort auf seine Frau/Schwester/die Schwester seiner Frau – Sie dürfen sich dieses Schreckensszenario gern selbst ausmalen. Eines steht jedoch fest: Ein solcher Vorfall wirkt sich bestimmt reichlich ernüchternd aus – und zwar unabhängig davon, wie viel Viagra Sie zuvor genommen haben.

Ich habe mich umgehört und die üblichen Verdächtigen befragt, aber leider ohne Erfolg. Niemand aus meinem Bekanntenkreis gab zu, jemals bei einer Prostituierten gewesen zu sein – geschweige denn, diese gekannt zu haben.

Es gibt derart viele Huren – einige meiner Kumpel müssen schon mal bei einer gewesen sein. Auch von Beteuerungen »Ich bin doch glücklich verheiratet« sollte man sich nicht täuschen lassen: Ich weiß noch gut, wie mich vor ein paar Jahren in Soho ein Zuhälter angesprochen hat. Während er versuchte, mich für die Fotos in seinem Album zu interessieren, protestierte ich und sagte, ich sei – jawohl – »glücklich verheiratet«.

»Glücklich verheiratet?«, entgegnete er mit einem breiten Grinsen. »Wenn es keine verheirateten Männer gäbe, hätte ich keine Kunden.«

So viel dazu.

Und nicht nur in Großbritannien floriert die Prostitution. In Deutschland gibt es immerhin 400 000 gemeldete Prostituierte. Auch keine unbedeutende Anzahl.

Da ich in meinem Freundeskreis derart gescheitert bin, habe ich mich auf der für Freier gemachten, höchst hilfreichen Website www.punternet.com eingeloggt. Da wurden mir wirklich die Augen geöffnet. Allein die »Erfahrungsberichte«! Perfekt recherchiert und so gut geschrieben, dass sie jedem Journalisten die Schamesröte ins Gesicht treiben müssten.

Das Erstaunlichste daran ist vielleicht, wie weit die Prostitution in Großbritannien wirklich verbreitet ist. Doch selbst bei der Lektüre von Hunderten von Erfahrungsberichten bin ich auf niemanden gestoßen, der den Schock seines Lebens erlitt (und wenn, würde der Betreffende bestimmt nicht gern darüber schreiben).

Also habe ich mich in einige der vielen Chatrooms eingeloggt, die sich dem Thema Prostitution widmen, und stieß dort auf ein ganz anderes Problem: Man unterstellte mir, ein Wichser zu sein.

Na gut, ertappt, aber nicht so. Die Fragen, die ich stellte, waren vollkommen ernst gemeint. Das Dumme war nur, dass mir niemand glaubte – die Mädels ebenso wenig wie ihre Kunden. Und je mehr ich protestierte, mich für unschuldig erklärte und auf meine Schriftstellertätigkeit hinwies, desto mehr bekam ich zu hören: »Hau ab, du Wichser!«

Aber ich bin doch Mitchell Symons, der Autor von *Warum Frauen nicht werfen können…!* Ihr braucht bloß bei Amazon nachzuschauen!

Niemand glaubte mir.

Also entschloss ich mich – natürlich rein zu Recherchezwecken –, ein Bordell aufzusuchen, um mich einmal mit echten Profis unter vier Augen zu unterhalten. Etwas, das man in meinem Beruf gemeinhin als Tatsachenfeststellung bezeichnet. Trotzdem war es die Hölle, das meiner Frau zu erklären, die mich nicht ganz zu Unrecht fragte, warum ich ausgerechnet hier auf Originalquellen zurückgreifen wollte, wo ich mich doch sonst auch mit Sekundär- oder Tertiärquellen zufriedengäbe.

Nachdem ich mithilfe der Lokalzeitung so etwas wie ein Bordell ausgekundschaftet hatte (das sich natürlich nicht so nannte), fuhr ich in ein heruntergekommenes Viertel von Brighton, stellte den Wagen ab und fand mich vor einer Bruchbude wieder.

Die Frau mittleren Alters, die mir die Tür aufmachte, trug einen schlecht sitzenden Jogginganzug und bat mich mit einer Stimme, die von einer lebenslangen Nikotinsucht zeugte, »hereinzukommen«. Mist, dachte ich, wenn sie auch dazu gehört, würde ich fast noch lieber mit Lorena Bobbitt mitgehen.

Aber wie sich herausstellte, war sie nur das Zimmermädchen und hatte früher vermutlich selbst einmal als Prostituierte gearbeitet. Was auch nicht gerade für diesen Beruf spricht.

Ich sah mich in dem schmuddeligen Raum um, in dem ich warten sollte, bis sie mir alle Mädchen, die gerade nicht arbeiteten, zur Befragung schickte. Der Raum war alles andere als übermöbliert: Ein riesiges Doppelbett, ein Nachttisch mit einer Schachtel Kleenex und einem kaputten Nachttischlämpchen, ein Stuhl und eine Kommode mit einem Stapel Pornomagazine, die, ihren Eselsohren nach zu urteilen, bereits reges Interesse erregt hatten. In der Ecke stand ein offener Wandschrank, in dem ich mehrere Kostüme für die üblichen Männerfantasien entdeckte – Krankenschwester, Schulmädchen, Polizistin.

Ein Mädchen im Negligé klopfte und betrat den Raum. Ich habe Mädchen gesagt, in Wahrheit war sie jedoch mindestens 35: Sie hatte Übergewicht, eine schlechte Haut und sah nur unwesentlich besser aus als das Zimmermädchen.

»Ich heiße Candy«, sagte sie mit einem erstaunlich vornehmen Akzent und verließ das Zimmer.

Das nächste Mädchen war ebenfalls übergewichtig, besaß

aber ein ansehnliches Dekolleté. »Ich bin Layla«, meinte sie und gab mir die Hand. Eine irgendwie unpassende Begrüßung für ein Bordell.

Das dritte Mädchen – Zoe – war jung (23, wie ich später erfahren sollte), attraktiv und sah extrem reizvoll aus in seinem schwarzen Mieder. Ich entschied mich für sie, und zwar nicht, weil sie auf einen großen Erfahrungsschatz zurückblicken konnte, sondern weil ich es durchaus angebracht fand, trotz meiner Mission und meines Ehegelübdes mal ein paar Minuten mit einem attraktiven Mädchen sprechen zu können.

Sonst war niemand mehr verfügbar – die anderen sechs Mädchen, die man mir am Telefon versprochen hatte, waren anscheinend beschäftigt, und so sagte ich dem Zimmermädchen, dass ich mit Zoe sprechen wolle.

»Was magst du so?«, fragte Zoe.

»Können wir einfach bloß reden?«

»Klar«, entgegnete sie, obwohl sie eindeutig etwas ganz anderes von mir dachte.

»Nein, im Ernst. Ich schreibe gerade ein Buch, und ich hätte da ein paar Fragen. Was verlangen Sie pro Stunde?«

»Na ja, wenn Sie wirklich nur reden wollen, verlange ich 40 Pfund für 30 Minuten.«

Ich gab ihr das Geld, und sie verschwand, um wenige Minuten später zurückzukehren.

»Wo soll ich es mir bequem machen?«

»Das ist mir egal«, stotterte ich. »Wie wär's, wenn ich mich auf den Stuhl setze, und Sie sitzen auf dem Bett?«

»Gut.«

Und dann schälte sie sich doch tatsächlich aus ihrem Mieder.

»Entschuldigung!«

»Ja?«, sagte sie und stellte zwei wirklich prächtige Brüste zur Schau.

Während ich noch darüber nachdachte, ob ich entweder prüde oder wie ein alter Lustmolch wirken könnte, fragte ich sie, ob sie schon mal einen Bekannten getroffen habe, in ihrer Eigenschaft als …

»Bei der Arbeit meinen Sie?«

»Ja, bei der Arbeit.«

Wie sich herausstellte, war das noch nie vorgekommen – auch, weil sie gar nicht aus Brighton war. Aber ihre Freundin Emma hätte einmal einen Mann bedient, den sie später auf einem Familienfest getroffen hätte.

»Und war das peinlich?«

»Nein, für sie nicht. Sie ist schließlich nicht verheiratet. Aber er hätte beinahe einen Nervenzusammenbruch bekommen!«

»Und wie würden Sie sich fühlen, wenn Ihnen so was passieren würde?«

Sie legte den Kopf schräg und dachte nach. »Keine Ahnung. Ich bin verheiratet, aber mein Mann weiß, was ich mache.«

Dass sie verheiratet war, faszinierte mich. »Und ihm macht das nichts aus?«

»Wir brauchen das Geld.«

»Aber wirkt sich das nicht … negativ auf Ihre Beziehung aus?«

»Nö.«

Daraufhin fiel mir nichts mehr ein. Ich staunte. Und irgendwie war ich auch ziemlich beeindruckt.

* * *

Es gibt viele Männer, die zu Prostituierten gegangen sind und feststellen mussten, dass sie (die Freier) ihnen (den Prostituierten) bekannt waren. Indem sie sich bald darauf in den Schlagzeilen der Boulevardpresse wiederfanden. Die folgenden Männer hatten alle Sex mit Prostituierten: Elvis Presley, Charlie Chaplin, Duke Ellington, Vincent van Gogh, Clark Gable, Jean-Paul Sartre, Errol Flynn, Victor Hugo, Henri de Toulouse-Lautrec, Oscar Wilde, Casanova, Honoré de Balzac, Johannes Brahms, Lord Byron, Fjodor Dostojewski, König Edward VII., F. Scott Fitzgerald, George Gershwin, Ernest Hemingway, Friedrich Nietzsche, Grigori Rasputin, Hans Christian Andersen (der ins Bordell ging, um mit den Mädels zu *reden*), Dudley Moore, Al Capone und Keith Moon.

Und hier noch eine Liste von Männern, die ihre Unschuld bei Prostituierten verloren haben: Henry Fonda, David Niven, Anton Tschechow, der Herzog von Windsor, Napoleon Bonaparte, James Boswell, James Bond (in Paris, als er sechzehn war, bei einer Prostituierten namens Martha Debrant), James Joyce, John F. Kennedy, (das Mädchen verlangte drei Dollar), Benito Mussolini, Leo Tolstoi, H. G. Wells und Groucho Marx.

Frauen, die ihre Unschuld bei männlichen Prostituierten verloren haben, konnte ich nicht finden, aber die folgenden Männer zahlten alle für Sex mit männlichen Prostituierten oder Strichjungen. Manche wurden sogar von ihnen »geoutet«: George Cukor, Howard Hughes, Roy Cohn, A. E. Housman, Charles Laughton, Joe Orton, Leonardo da Vinci, Monty Woolley, Cole Porter, Pier Paolo Pasolini, T. E. Lawrence, Cecil Beaton, Errol Flynn, W. Somerset Maugham, Montgomery Clift, André Gide, Christopher Isherwood, Yukio Mishima, Oscar Wilde, Lord Alfred Douglas und Brian Epstein.

? Beinhaltet Partnertausch auch, dass man die Frau seines Freundes bitten kann, einem die Hemden zu bügeln?

Meine Meinung über offene Ehen habe ich ja bereits dargelegt, also wird es Sie nicht weiter überraschen, dass Mrs. S. und ich nicht auf Partnertausch oder sogenannte Swingerpartys stehen. Außerdem fände ich es einfach unfair: Der Mann, der meine Frau bekommt, hat es wesentlich besser als seine Frau.

Deshalb war ich auch sehr erleichtert, auf Dave und Linda zu stoßen, ein Paar, das bei sich zu Hause in Essex … äh … gewisse Zusammenkünfte organisiert. (http://www.skinnydippersuk.com/index2.html)

Dave sieht aus wie Peter Stringfellows nicht mehr ganz so junger Bruder, während Linda, mit der er seit etwa vierzehn Jahren zusammen ist, einfach … fit aussieht.

Das Erste, was Dave an mir korrigiert, ist meine Wortwahl. »Uns gefällt das Wort ›Swingerparty‹ nicht, wir bevorzugen den Begriff ›Party für Erwachsene‹. Auf unseren Partys geht es schließlich nicht nur um Sex. Wenn man auf eine Party kommt, wo man die Leute nicht mag, langweilt man sich. Wir kommen aus der Musikszene, also haben wir die eine einfach in die andere Szene integriert. Niemand ist zu irgendetwas verpflichtet. Wir machen das, weil wir selbst dahinterstehen. Die Partys finden in einem Privathaus statt, und das ist eben einfach etwas anderes, als in einen Club zu gehen. Wir haben auch keinerlei technische Auflagen. Wir lieben es, Partys zu veranstalten. Viel Geld verdienen wir damit nicht, aber natürlich muss man zusehen, dass man im Geschäft bleibt. Ich bin in den 1960er-Jahren aufgewachsen und versuche, eine lockere Atmosphäre zu schaffen. Es gibt nur eine Regel: Die Paare müssen die Party so verlassen, wie sie gekommen sind.

Wer Beziehungsprobleme hat, sollte nicht herkommen. Wer seinen Partner loswerden will, schafft das schneller im örtlichen Supermarkt als bei uns …«

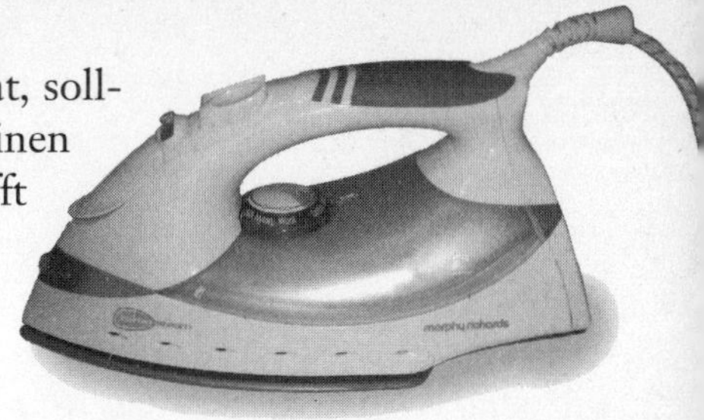

»Nicht in unserer Filiale«, murmele ich.

»Aber wenn jemand seinen Partner auf einer unserer Partys verliert, wäre das so oder so passiert.«

Für mich klingt das so, als versuchten sie hier gerade zu leugnen, dass da ein direkter Zusammenhang zwischen »Swingerparty« – Entschuldigung, »Party für Erwachsene« – und einer Trennung besteht.

»Wer sich auf diese Szene einlässt, wird mit den Schwächen in seiner Beziehung konfrontiert, was den Trennungsprozess beschleunigen kann. Leute, die hierherkommen, finden meist, dass ihre Beziehung eingeschlafen ist, und wollen etwas dagegen unternehmen.«

Aha. Und dann luden mich Dave und Linda doch tatsächlich ein, mal vorbeizukommen.

»Wie, ganz allein?«

»Allein oder mit Ihrer Frau.«

Schluck.

»Sehen Sie sich doch einfach mal die Leute auf unserer Website an.« Genau das tat ich auch. Die meisten sehen vollkommen normal aus, was immer das auch heißen mag.

»Auf unsere Partys kommen zwischen 100 und 180 Leute. Meist Paare, aber auch Singles. An Freitagabenden haben wir Singles und Paare da.«

»Sind diese Singles überwiegend Männer?

»Nein, es gibt keinen Männerüberschuss.«

Noch so ein Mythos, der da enttarnt wurde.

»So reizvoll das auch klingt,« – und das war gar nicht mal gelogen – »aber für mich ist das nichts.«

»Sind Sie sicher?«

NEIN! Aber ich bleibe dabei. Außerdem, lieber Dave und liebe Linda: Bei all den tollen Informationen, die ihr mir gegeben habt – eine Frage ist noch immer unbeantwortet: Ich weiß sehr wohl, dass ein Mann auf einer eurer Partys einer Frau ein unsittliches Angebot machen kann und umgekehrt – doch was, wenn er sie bittet, seine Hemden zu bügeln?

Verständlicherweise waren Dave und Linda nicht ganz so mitteilsam, was diesen (noch unerforschten) Aspekt von Erwachsenenpartys anbelangt. Ich fing bereits an, mir ziemlich dämlich vorzukommen, bis ich einen genialen Einfall hatte: Stell eine unverschämte Frage, und schon bekommst du eine direkte Antwort.

Natürlich ist das mehr eine Scherzfrage, doch auch darin liegt ein Körnchen Wahrheit: Wenn man den Geschlechtsverkehr, also die extremste Form von Intimität, auf das Niveau eines Gesellschaftsspiels mit wechselnden Partnern reduziert, braucht man etwas Neues, um wieder Intimität herzustellen. Und wer weiß? Vielleicht ist dann das gegenseitige Helfen im Haushalt alles, was einem noch bleibt.

Doch wie gesagt: Jedem das Seine. Außerdem liegt East Sussex gefährlich nah an unserem Wohnort.

? Warum schlafen Männer nach dem Sex immer gleich ein?

Geht das nicht allen Männern so? Aber warum? Wahrscheinlich, weil wir meist spätabends Sex haben. Als Männer sind wir außerdem eher zielorientiert: Ist ein Ziel erreicht, widmen wir uns gleich dem nächsten, in diesem Fall dem Einschlafen. Das Kuscheln kann getrost bis morgen warten.

Darüber hinaus macht Sex – egal, ob allein oder zu zweit – einfach müde.

Gibt es da einen direkten Zusammenhang?

Ich beschloss, Dr. Roland Powell zu fragen, den Arzt meines Vertrauens. Und der erzählte mir, dass sich bei ihm schon Patientinnen genau darüber beschwert hätten.

Warum sagt er ihnen nicht einfach, dass sie sich damit abfinden müssen?

»Weil sie mich dafür nicht bezahlen würden.«

So weit, so gut. Aber was sorgt denn jetzt dafür, dass Männer nach dem Sex müde sind?

»Na ja, an dem, was Sie sagen, ist schon was dran: Nämlich dass man meist erst kurz vor dem Einschlafen Sex hat, wenn man ohnehin müde ist. Wenn der Sex dann noch anstrengend ist, werden natürliche Endorphine ausgeschüttet, die außerdem für Entspannung sorgen. Darüber hinaus werden Sie feststellen, dass Sie kurz vor bzw. während des Orgasmus einen höheren Puls und somit auch einen höheren Blutdruck haben. Nach dem Orgasmus sinken Puls und Blutdruck wieder, was beides müde macht. Aber das ist noch nicht alles. Ein Orgasmus – sei es nun beim Mann oder bei der Frau – setzt auch Oxytocin frei, dasselbe Hormon, das auch beim Stillen ausgeschüttet wird, um das Baby zum Einschlafen zu bringen. Offensichtlich hat es auf Erwachsene genau dieselbe Wirkung. Sie haben richtig gehört, und zwar auch auf Frauen.

? Kann man seinen Penis vergrößern?

Denken Sie zunächst über folgenden Witz nach:

> **Ein Mann sitzt in seinem (teuren) Lieblingsrestaurant und bemerkt eine schöne Frau, die ganz allein am Nebentisch sitzt. Er ruft den Kellner und fragt nach der teuersten Flasche Champagner, die er zu ihr an den Tisch bringen lässt. Der Kellner kommt seinem Wunsch nach, und die Frau schickt dem Mann einen Zettel, auf dem steht: »Damit ich diese Flasche akzeptiere, musst du einen Mercedes in der Garage, eine Million Dollar auf der Bank und 18 Zentimeter in der Hose haben.« Nachdem er die Nachricht gelesen hat, schickt ihr der Mann ebenfalls eine: »Nur, damit Sie's wissen: Ich habe einen Rolls Royce in meiner Garage, zwanzig Millionen Dollar auf der Bank, aber nicht einmal für eine so schöne Frau, wie Sie es sind, würde ich sieben Zentimeter abschneiden. Also schicken Sie mir bitte die Flasche zurück.«**

Doch Spaß beiseite: Laut Gebhard und Johnson (1979) misst der durchschnittliche erigierte Penis in den USA zwischen 13 und 18 Zentimetern, bei einem Umfang von zehn bis 15 Zentimetern.

Was also kann ein Mann, der unterdurchschnittlich bestückt oder aber unterdurchschnittlich selbstbewusst ist, tun? Wie sich herausgestellt hat, leider nicht sehr viel.

Hat der Kerl seinen ganzen Penis (oder zumindest beinahe) beim – sagen wir mal – Schinkenschneiden verloren, besteht die Möglichkeit einer Wiederherstellungsoperation. Dabei handelt es sich allerdings um eine äußerst komplizierte und aufwendige medizinische Prozedur, die für rein kosmetische Zwecke nicht angebracht ist.

Dann gibt es da noch Silikonstäbe, die eingesetzt werden, um Männern mit einer Erektionsschwäche zu helfen. Aber ein schlaffer Schwanz ist etwas anderes als ein zu kleiner Schwanz. An dem Problem kann man bedauerlicherweise wirklich nicht viel ändern.

Aber was ist dann von all den Ratschlägen zu halten, die man im Internet findet? Es vergeht schließlich kein Tag, an dem ich nicht dazu aufgefordert werde, meinen Penis zu vergrößern – sei es nun mithilfe von Pflastern, Hypnose, Penisverlängerungsübungen, Pillen, Pumpen oder einem Gerät, das als Penisstrecker angepriesen wird. (Allein vom Namen bekomme ich schon Lendenschmerzen!) Ach ja, und natürlich mithilfe eines chirurgischen Eingriffs.

Aber Moment mal, Mitch, sagtest du nicht gerade, dass eine Operation – wie hast du dich gleich wieder ausgedrückt? – nicht angebracht sei?

Ja, das stimmt. Aber auch das scheint manche Leute nicht davon abzuhalten, so etwas anzubieten bzw. in Anspruch zu nehmen.

Verzweifelte Menschen sind zu allem fähig. Und wenn ich mir einige der Vorher-Fotos auf solchen Webseiten so ansehe, sind sie mit Recht verzweifelt. Da habe ich ja an Spielzeugsoldaten schon größere Penisse gesehen!

Doch selbst die Nachher-Fotos (die bestimmt am Computer bearbeitet worden sind) können mich nicht unbedingt beeindrucken. Wozu also das Ganze? Wäre es da nicht billiger – und wesentlich weniger schmerzhaft –, sich ein schnelles Auto zuzulegen?

Fairerweise sollte ich vielleicht dazu sagen, dass die Firmen, die Penisvergrößerungen anbieten – und die mit den Komplexen anderer Leute gutes Geld verdienen –, durchaus winzige Verbesserungen erzielen, indem sie ein wenig Fettgewebe hinzufügen, das Länge oder Umfang des Penis erhöht. Doch auch das ändert nichts daran, dass der Penis anschließend immer noch klein aussieht.

Trotzdem gibt es einen Markt für so etwas. Sie brauchen das Wörtchen »Penisvergrößerung« nur einmal zu googeln und nachzusehen, wie viele Ergebnisse Sie bekommen. Bei mir waren es gut 400 000 – und die meisten davon waren Anzeigen.

Pillen scheinen die beliebteste Methode zu sein – 100 Prozent GARANTIE! –, müssen aber auch nur winzige Auswirkungen auf winzige Schwänze haben (schließlich kann nicht jede Werbung lügen, oder?), denn sonst würde jeder unterbestückte Mann welche nehmen.

Da sind Sie nun, ein Mann mit einem winzigen Schwanz, und werfen Ihr sauer verdientes Geld jemandem in den Rachen, der Ihnen höchstwahrscheinlich unmissverständlich klarmachen wird, dass es keine Hoffnung für Sie gibt. Es handelt sich also im wahrsten Sinne des Wortes um ein Nullsummenspiel.

? Wie lautet der beste/schlechteste Anmachspruch?

Anmachsprüche habe ich schon immer gesammelt, etwa diese herrlichen:

- »Sie kennen mich nicht, aber ich habe letzte Nacht von Ihnen geträumt.«
- »Darf ich Sie auf ein Getränk einladen, oder wollen Sie das Geld lieber in bar?«
- »Glauben Sie an Liebe auf den ersten Blick, oder soll ich noch mal an Ihnen vorbeilaufen?«
- »Wie mögen Sie Ihre Eier? Befruchtet?«
- »Hol deinen Mantel, Schatz, du hast jemanden aufgerissen!«
- »Dieser Körper verschwindet in fünf Minuten, sei dabei!«
- »Ihre Kleider würden hervorragend zu meinem Schlafzimmerboden passen!«
- »Darf ich ein Foto von Ihnen haben, damit ich dem Weihnachtsmann zeigen kann, was ich mir zum 24. wünsche?«
- »Ich bin vielleicht nicht gerade der bestaussehende Typ in diesem Raum, aber dafür der Einzige, der mit Ihnen redet!«
- »Sie sind eine Diebin. Sie haben mein Herz gestohlen.«
- »Darf ich Ihr Handy ausleihen? Ich habe meinen Eltern versprochen anzurufen, wenn ich die Frau meiner Träume gefunden habe.«

Im Jahr 2004 veranstaltete eine britische Brauerei einen Wettbewerb, den folgender Spruch gewann: »Nun, hier bin ich! Wie lauten deine beiden anderen Wünsche?«

Und 2005 beschäftigten sich sogar Psychologen der Universitäten Edinburgh und Lancashire mit diesem Thema.

Direkte Sexwünsche wurden dabei nicht berücksichtigt, obwohl diese immer noch besser eingestuft wurden als so ein kitschiger Spruch wie: »Ist in deiner Handtasche noch Platz für meine BMW-Schlüssel?« oder »Sie sind der Stern, der meine Planetenkonstellation vervollständigt«. Aua!

Laut Dr. Christopher Bale, der die Untersuchung leitete, »kommen die Sprüche am besten an, die zeigen, dass der Mann die Situation unter Kontrolle hat und Wohlstand, Bildung, Schlagfertigkeit und Humor vermuten lassen«.

Zu den guten Sprüchen zählten die Wissenschaftler unter anderem den: »Ein zehn Tonnen schwerer Eisbär«, gefolgt von der Erklärung: »Na ja, um das Eis zu brechen.« Angeblich empfiehlt es sich auch, das Gespräch auf Musik zu lenken, um dann zu sagen: »Die Mondscheinsonate bzw. die *Sonata quasi una fantasia*, wie sie eigentlich heißt, ist für mich ein ganz besonders schönes Stück für eine ganz besonders schöne Dame.« Na, das ist genau der Spruch, den man auch von einem italienischen Oberkellner erwarten könnte. Da gefällt mir folgender Spruch doch wesentlich besser: »Sie haben da was im Auge. Oh, es ist so ein Funkeln!«

Die traurige Wahrheit besteht allerdings darin, dass ein gut aussehender Kerl (fast) alles sagen kann, und es funktioniert. Während ein hässlicher Mann auch (fast) alles sagen kann, ohne dass es funktioniert.

Dasselbe gilt natürlich auch für Frauen.

? Stimmt es, dass Lakaien den Mitgliedern des Königshauses beim Sex zusehen?

Ich habe im Buckingham-Palast angerufen. Ehrlich. Das erste, was man hört, ist eine Ansage vom Band, der sinngemäß zu entnehmen ist: »Wenn man Ihnen gesagt hat, das sei eine Notrufnummer, legen Sie bitte auf, da es sich um einen schlechten Scherz handelt.«

Trotzdem schaffte ich es, mich zur Pressestelle durchstellen zu lassen, und erzählte der überaus charmanten Frau am anderen Ende der Leitung, ich sei Mitchell Symons, der Autor von *Warum Frauen nicht werfen können*... Dann stellte ich ihr meine Frage.

»Da müssen Sie einen Historiker fragen.« Sie kicherte.

Na gut. »Und was ist mit den Leuten, die einer königlichen Geburt beiwohnen müssen? Gibt es das heute noch?«

Sie verließ das Telefon und kehrte nach etwa einer Minute zurück. »Bei Prinzessin Alexandras Geburt im Jahr 1936 wurde zum letzten Mal auf die Anwesenheit des Innenministers bestanden.«

»Eigentlich ist das noch gar nicht so lange her.«

Das fand sie auch und erklärte mir, dass es bis zur Regentschaft von Königin Victoria üblich gewesen sei, dass alle möglichen Lords, Ladys und andere Wichtigtuer (das hat sie gesagt, nicht ich) der königlichen Geburt beiwohnten – wenn auch im Zimmer nebenan. Victoria beschränkte deren Anzahl auf ein Kabinettsmitglied – den Innenminister, und so blieb es bis zum ersten Weihnachtsfeiertag des Jahres 1936, als Prinzessin Alexandra geboren wurde.

König George VI. befand schließlich, dass alle ohne eine direkte Thronanwärterschaft keine Zeugen mehr bei ihrer Geburt bräuchten. Als dann 1948 der Thronerbe (Prinz Charles) zur Welt kam, beschloss König George VI., dass dieser obskure Brauch »weder gesetzlich noch verfassungsmäßig vorgeschrieben sei«.

Und was die Lakaien anbelangt, die den Mitgliedern der königlichen Familie tatsächlich beim Sex zusahen, sagte der Historiker Dr. Michael Morgan: »Das ist seit dem Mittelalter nicht mehr vorgekommen und war selbst da nicht immer der Fall. Es war allerdings üblich, dass das frisch verheiratete Paar von seinen Hochzeitsgästen im Rahmen einer Zeremonie zu Bett gebracht wurde und ein Priester das Ehebett segnete. Dann vollzog das Paar die Ehe – normalerweise jedoch ohne Zeugen. Man erwartete, dass es dabei die Missionarsstellung einnahm – wie sie später getauft wurde –, weil man damals glaubte, nur so ließen sich Jungen zeugen. Und Jungen waren aus dynastischen Gründen natürlich besonders wichtig.«

? Heute gibt es keine Keuschheitsgürtel mehr … oder?

Ich nehme an, Sie wissen, was ein Keuschheitsgürtel ist? Wenn nicht, sollte ich vielleicht erklären, dass es sich dabei um eine Art Schloss handelt, das seinen Träger daran hindert, den Geschlechtsverkehr zu vollziehen.

Ein echter Keuschheitsgürtel muss außerdem abschließbar sein.

Diese Gürtel wurden erstmals im Mittelalter verwendet, um Frauen daran zu hindern, untreu bzw. vergewaltigt zu werden, wenn sich ihre Ehemänner auf einem Kreuzzug befanden.

Aber gibt es sie heute noch? Und ob!

In Sheffield existiert eine Firma namens *Tollyboy* (»Wir sichern Ihre Wertgegenstände seit 1956«), die im Internet ein florierendes Geschäft mit Keuschheits- bzw. Antivergewaltigungsgürteln für Frauen und Männer betreibt. Die Firma stellt auch Fuß-, Arm-, Bizeps- und Halsmanschetten her sowie andere Verschlussvorrichtungen.

Die Firma wurde von Hal Higginbottom gegründet, einem Ingenieur der Universität Sheffield, der sich von einer Vorlesung dazu inspirieren ließ, einen modernen Keuschheitsgürtel zu entwickeln. Als Higginbottom 1998 starb, übernahm sein Lehrling Richard Davies das Geschäft. Er war es auch, der mir sagte, dass 70 Prozent der Bestellungen von Männern kämen.

»Um Frauen zu beschützen oder um sie davon abzuhalten, ihren Spaß zu haben?«

»Nein, es handelt sich um Keuschheitsgürtel für Männer. Bei 70 bis 75 Prozent der Bestellungen geht es um Gürtel für Männer, der weibliche Keuschheitsgürtel wird nur in Ausnahmefällen gewünscht. Die Gürtel dienen als Aphrodisiakum, da es die Natur nun mal so eingerichtet hat, dass der Mensch immer will, was er nicht haben kann.«

Ist er zufrieden damit, dass niemand wirklich darin eingeschlossen wird?

»Ich kenne niemanden, der wirklich darin eingeschlossen wurde, aber in ihrer Fantasie malen sich manche Leute durchaus so was aus. Aber selbst wenn, könnten Polizei, Feuerwehr oder jedes anständige Ingenieurbüro den Gürtel aufschneiden. Um das zu verhindern, müsste man den Gefangenen vollkommen von der Außenwelt, Telefon, E-Mail-anschlüssen usw. fernhalten.«

»Wie viel kostet so ein Keuschheitsgürtel normalerweise, und wie viele verkaufen Sie pro Jahr davon?«

»300 Pfund und mehr, aber ich verkaufe zu wenige, um richtig Geld damit verdienen zu können.«

? Wie wird das »Brazilian Waxing« in Brasilien genannt?

Zunächst einmal sollte ich vielleicht erklären, was ein »Brazilian Waxing« überhaupt ist. Darunter versteht man die Form der Haarentfernung, bei der nur noch ein winziges bisschen Schamhaar (auch »Landebahn« genannt) übrig gelassen wird. Der Name kommt daher, dass man diese Methode zuerst in Brasilien angewendet hat. In den 1990er-Jahren wurde sie dann von den brasilianischen Kosmetikerinnen »The J Sisters« in New York populär gemacht. Ihr Schönheitssalon ist stolz auf ein signiertes Foto von Gwyneth Paltrow, auf dem steht: »Danke, Sie haben mein Leben verändert.«

* * *

Zum Glück fehlt mir jegliches Schamgefühl, denn als ich alle möglichen brasilianischen Organisationen anrief, um ihnen diese unglaublich dämliche Frage zu stellen, wurde sogar ich rot. Tatsächlich begriffen die meisten nicht einmal, wovon ich überhaupt sprach. Nichtsdestotrotz ist es mir bestimmt gelungen, die anglobrasilianischen Beziehungen auf Generationen hinaus zu belasten.

Doch irgendwann erklärte sich eine nette Dame von der Organisation *Brazilian Contemporary Arts* oder so ähnlich bereit, mir zu helfen. »Wir nennen es einfach *depilar*«, sagte sie und verbuchte mich bestimmt als echten britischen Exzentriker. Oder aber als verwirrten Nachbarschaftshelfer irgendeiner Hilfsorganisation für Ausländer.

»Und in Brasilien heißt es wirklich nicht kolumbianisches, peruanisches oder vielleicht sogar deutsches Waxing?«

»Nein, einfach nur *depilar*.«

»Aber Sie wissen, dass es sonst überall auf der Welt ›Brazilian Waxing‹ heißt?«

»Ja.«
»Und wie finden Sie das?«
Schweigen.
»Hallo!«
»Ist das alles, was Sie wissen wollen?«
»Ich denke schon. Danke schön.«

* * *

Natürlich war diese Frage mehr als dämlich, trotzdem hat sie einen ernsten Kern. In welcher Gesellschaft leben wir eigentlich, in der man Frauen weismacht, sie müssten ihr Schamhaar auf eine kleine Landebahn reduzieren oder besser gleich ganz abrasieren, um modisch up to date zu sein? Ist das nicht ein kleines bisschen pervers, wenn erwachsene Frauen versuchen, sich in vorpubertäre Mädchen zurückzuverwandeln?

Und welcher Mann findet eine nackte Pussy sexy? Warum sollte sich eine Frau überhaupt mit einem Mann zusammentun, der eine nackte Pussy sexy findet?

Sie merken schon, was ich davon halte.

An dieser Stelle sollte ich vielleicht sagen, dass ich in puncto Schamhaar eher auf Hausmannskost stehe. Doch obwohl ich den komplett abrasierten Look inakzeptabel, wenn nicht sogar pervers finde, kann ich mit dem anderen Extrem auch nichts anfangen. Ich komme eben eindeutig aus der Provinz und möchte, dass auch das Schamhaar aussieht wie ein Garten in der Provinz: weder wie ein wilder Dschungel noch wie nackte Steinfliesen, sondern einfach hübsch getrimmt und gut gepflegt.

? Sind die Leserbriefe in Männermagazinen eigentlich echt?

Sie wissen schon, Briefe wie »Sehr geehrter Herr Chefredakteur, bisher dachte ich eigentlich immer, die Leserbriefe in Ihrer Zeitschrift seien frei erfunden. Doch neulich hatte ich ein Erlebnis, das ich gern mit Ihnen teilen möchte. Ich saß gerade im Zug, als dieses atemberaubende Mädchen einstieg. Zu meiner Begeisterung sah ich, dass sie genau gegenüber Platz nahm. Zu meiner Überraschung stiegen alle anderen Fahrgäste an der nächsten Haltestelle aus. Zu meiner …« usw.

Wie bereits erwähnt, kenne ich mich mit Männermagazinen aus. Vor zwanzig Jahren schrieb ich mal – nein, nicht Leserbriefe –, sondern Artikel für *Penthouse.* Ich bzw. mein Alter Ego Mike Hunter – verfasste Sachen wie »Der *Pent-*

house-Guide für Jungesellenabende«, »Liebe gegen eine milde Gabe« und »Klosterschülerinnen«. Die Artikel sollten möglichst informativ und unterhaltsam sein, aber nicht unbedingt erregend. Ich habe sehr gern für *Penthouse* geschrieben, auch richtig gute Texte. Aber ob die Leserbriefe echt oder erfunden waren, habe ich nie herausgefunden. Ich nehme an, dass sie auf echten Leserbriefen beruhten, aber nach Bedarf ausgeschmückt und/oder zensiert wurden.

Also habe ich einige Kollegen angerufen, die auch für Männermagazine arbeiten oder gearbeitet haben. Die einigten sich darauf, dass die meisten Leserbriefe in der Tat erfunden werden, aber auf echten Lesererfahrungen basieren. Die echten Leserbriefe sind nämlich deutlich weniger interessant oder, wie es ein alter Kollege, der für Pornohefte schreibt, ausdrückte: »Wenn du einen Steifen davon bekommst, sind sie erfunden.«

Außerdem ist es für die Redaktionen sicherer, wenn sie die Leserbriefe selbst verfassen. So können sie wenigstens nicht auf dumme Späße hereinfallen.

›Wenn du einen Steifen bekommst, sind sie erfunden.‹

? Einer von zehn Männern? Das kann doch nicht wahr sein!

Spielt das denn eine Rolle? Ein schwuler Freund sagte dazu: »Mir ist vollkommen egal, wie viel Prozent der männlichen Bevölkerung schwul sind – solange es der Kerl in meinem Bett zu hundert Prozent ist!«

Jedenfalls handelt es sich um eine äußerst gefühlsgeladene, instinktiv geführte Debatte (und damit meine ich jetzt nicht den Song *One in Ten* von UB 40).

Doch selbst wenn man die Warnungen ernst nimmt (es gibt drei Sorten Lügen: Lügen, verdammte Lügen und Statistiken), scheint an diesen Zahlen etwas dran zu sein. Sie gehen nämlich auf den Original-Kinsey-Report von 1948 zurück. Seitdem ist die Verbreitung der Homosexualität weiter erforscht worden, und jedes Mal kam man zu ähnlichen, wenn auch geringfügig niedriger liegenden Ergebnissen.

Eine im Jahr 2006 in Großbritannien durchgeführte Umfrage ermittelte, dass einer von sechzehn Männern schwul ist.

Im Jahr 1993 fanden Samuel und Cynthia Janus (was für ein Name!) heraus, dass sich vier Prozent der Männer als homo- und fünf Prozent als bisexuell bezeichnen, was insgesamt neun Prozent ergibt. Die entsprechenden Zahlen für Frauen liegen bei zwei und drei Prozent.

Zehn Prozent sind homosexuell, bisexuell und ›Sonstiges‹.

Bei einer neueren Umfrage von W. D. Mosher, A. Chandra und J. Jones im Jahr 2005 gaben 90 Prozent der Männer an, heterosexuell zu sein. Womit wir wieder bei den berühmten zehn Prozent, also einem von zehn, wären. Leider ist die ganze Angelegenheit doch etwas komplizierter, weil sich die verbliebenen zehn Prozent noch in homosexuell, bisexuell und »Sonstiges« untergliedern (was immer das auch heißen mag).

Interessanterweise wurden dieselben Zahlen für Frauen ermittelt.

Und was schließen wir daraus?

Meiner Meinung nach kann man guten Gewissens sagen, dass einer von zehn Männern nicht heterosexuell ist. Was diese Leute dann genau in ihren Schlafzimmern treiben, werden wir wohl nie erfahren. Genauso wenig, wie wir mit Sicherheit sagen können, ob die Befragten den Wissenschaftlern und Meinungsforschern wirklich die Wahrheit gesagt haben. Manche Schwule gestehen sie sich ja nicht einmal selbst ein.

Außerdem sind die Grenzen zwischen den einzelnen Kategorien wohl fließend. Was ist zum Beispiel mit dem heterosexuellen Mann, dessen sexuelle Fantasien aber um Männer kreisen? Oder mit demjenigen, der Sex mit einer umoperierten, transsexuellen Frau hat?

Fazit also: Vorsicht bei Kategorien und Statistiken.

? Müssen Nonnen und Priester Jungfrau sein?

Natürlich weiß ich, dass sich Nonnen und Priester an ihr Keuschheitsgelübde halten müssen. Was ich allerdings nicht so genau wusste, ist, ob Menschen, die keine Jungfrau mehr sind, ein Priesteramt bekleiden oder in ein Kloster eintreten dürfen.

Also rief ich Father Paul Embury an, der für die Priesterausbildung verantwortlich ist.

»Nein«, sagte Father Paul, »Priester müssen keine Jungfrauen sein. Wenn sich ein Kandidat vorstellt, sehen wir uns sein gesamtes Leben an. Wir möchten seine sexuelle Vorgeschichte kennen – und zwar nicht nur in Bezug auf die körperliche Liebe. Wenn jemand in der Vergangenheit sexuell aktiv war, möchten wir sehen, dass er bereits eine Weile enthaltsam gelebt und sich auf ein zölibatäres Leben vorbereitet hat. Auch wenn jemand in einer nichtsexuellen Beziehung lebt, möchten wir, dass er auf Distanz geht, bevor er mit der Priesterausbildung beginnt. Wir nehmen auch eine psychologische Einschätzung vor, bei der wir solche Themen berücksichtigen.«

»Wissen Sie, ob dasselbe auch für Nonnen gilt?«

»Ja, da gilt genau dasselbe.«

»Aber wenn man sich erstmal für das Zölibat entschieden hat, muss man enthaltsam leben.«

»Ja, obwohl ein Priester, der dagegen verstößt, nicht automatisch entlassen wird – obwohl wir natürlich erwarten, dass er Verantwortung für eventuell gezeugte Kinder übernimmt.

Außerdem gibt es da einen feinen Unterschied zwischen Mönchen und Nonnen auf der einen und Priestern auf der anderen Seite: Mönche und Nonnen geloben Keuschheit, Armut und Gehorsam, während ein Diözesanpriester Gehorsam und Keuschheit nur verspricht: Es handelt sich hier also um ein Versprechen und nicht um ein feierliches Gelübde. Und das ist ein Unterschied, denn ein Gelübde ist verbindlich, aber ein Versprechen nicht.«

»Aber warum legen Priester nicht auch ein Gelübde ab?«

»Mönche und Nonnen geloben, für den Rest ihres Lebens keusch zu bleiben. Bei den Priestern könnte es jedoch sein, dass der Papst irgendwann auch verheiratete Priester zulässt, die dann natürlich nicht mehr keusch leben müssen. Außerdem sind da noch die anglikanischen Pfarrer, die wegen der Ordination von Frauen aus ihrer Kirche austraten und Priester wurden: Sie müssen auch nicht enthaltsam leben.«

Was ist die größte Sexlüge bei Männern?

Im Grunde weiß ich kaum, wo ich anfangen soll, da Männer mit einem Steifen das Blaue vom Himmel herunterlügen, um eine Frau rumzukriegen.

Sexlügen von Männern lassen sich in zwei große Kategorien einteilen: In Lügen, die man *vor* dem Sex erzählt (bzw. auf der Suche danach), und in Lügen, die man *nach* dem Sex erzählt (nämlich dann, wenn man wegen der bereits erörterten unterschiedlichen biologischen Zwänge von Mann und Frau so schnell wie möglich die Flucht ergreifen will).

DAVOR

- Ich werde dich morgen immer noch respektieren.
- Du bist es!
- Meine Partnerin und ich führen eine offene Beziehung.
- Meine Güte, bist du schön!
- Ich werde keiner Menschenseele etwas davon erzählen (mit Betonung auf »Menschenseele«, nach dem Sex liegt die Betonung dann auf dem Wörtchen »Ich«).
- Ich stecke ihn nur ein winziges bisschen rein.
- Nie hätte ich gedacht, so etwas empfinden zu können.
- Ich möchte morgen neben dir aufwachen.
- Ich verspreche dir, nicht in deinem Mund abzuspritzen.

DANACH

- Natürlich respektiere ich dich immer noch.
- Ich verspreche dir, niemandem etwas davon zu erzählen.
- Für mich gibt es niemanden außer dir.
- Du bist wirklich sehr attraktiv.
- Ich hab schon mehrmals versucht, dich zu erreichen, aber es war immer besetzt.
- Zum Glück hast du angerufen – ich hab deine Telefonnummer verloren.

? Was ist die größte Sexlüge bei Frauen?

Wenn es darum geht, vor, während und nach dem Sex die Wahrheit zu sagen, sind Frauen das wesentlich ehrlichere Geschlecht. Das behaupten sie zumindest, und wir Männer glauben ihnen gern. Wahrscheinlich stimmt das sogar, weil Frauen von klein auf beigebracht wird, nicht nur auf ihre Gefühle zu hören, sondern sie auch mit anderen zu teilen.

Dennoch sind auch sie imstande zu lügen. Hier nur ein paar Beispiele:

- **Das ist mein erster One-Night-Stand.**
- **Mein Freund und ich trennen uns gerade.**
- **Du bist einfach der Beste!**
- **So was habe ich noch nie getan.**

Aber was ist die allergrößte Lüge einer Frau?

Die kennen wir doch alle, Männer, stimmt's? Genau. Sie lautet: »Natürlich werde ich das alles auch noch tun, wenn wir verheiratet sind.«

? Warum heißt die gängigste Stellung »Missionarsstellung«?

Bei allen linguistischen Fragen bin ich – wenn auch nur aus purer Faulheit – gezwungen, mich an Frau Dr. Caron Landy zu wenden.

»Ah, Sie meinen die *Venus observa*.«

»Ach wirklich?«

»Das ist der Fachbegriff.«

»Aber warum heißt sie Missionarsstellung? Weil das die Stellung ist, in der die Eingeborenen nach Wunsch der Missionare Sex haben sollten?«

»Ich fürchte, das ist ein weitverbreiteter Fehlschluss.«

»Haha!«

»Wie bitte?«

»Ach nichts, ich habe gerade ›Fehlschuss‹ verstanden statt Fehlschluss. Ein guter Witz.«

»Wenn Sie meinen«, sagte sie eisig. »Wie dem auch sei: Die Missionarsstellung, bei der der Mann oben liegt, ist ein verhältnismäßig neuer Begriff, der erst nach dem Zweiten Weltkrieg aufkam.«

Ich war überrascht. »So neu?«

»Der Name ja, aber nicht die Stellung. So wie es aussieht, haben die Missionare den Eingeborenen niemals vorgeschrieben, wie sie Sex haben sollen – warum auch? Aber auch das hat gehässige Pazifikinselbewohner nicht davon abhalten können, sich auszumalen, wie wohl Missionare Sex haben.«

»Das ist ja erstaunlich!«

»Ja, nicht wahr? Natürlich neigten die Inselbewohner eher dazu, die Frau *a tergo* zu nehmen ...«

»In der Hündchenstellung sozusagen ...«

»... genau. Deshalb glaubten die Missionare, sie seien so prüde, dass sie es nur in der – ihrer Meinung nach anständigsten – Stellung täten. So kam es zu einer sich selbst erfüllenden Prophezeiung, und der Begriff »Missionarsstellung« wurde zu einem feststehenden Ausdruck dafür, dass der Mann oben liegt.«

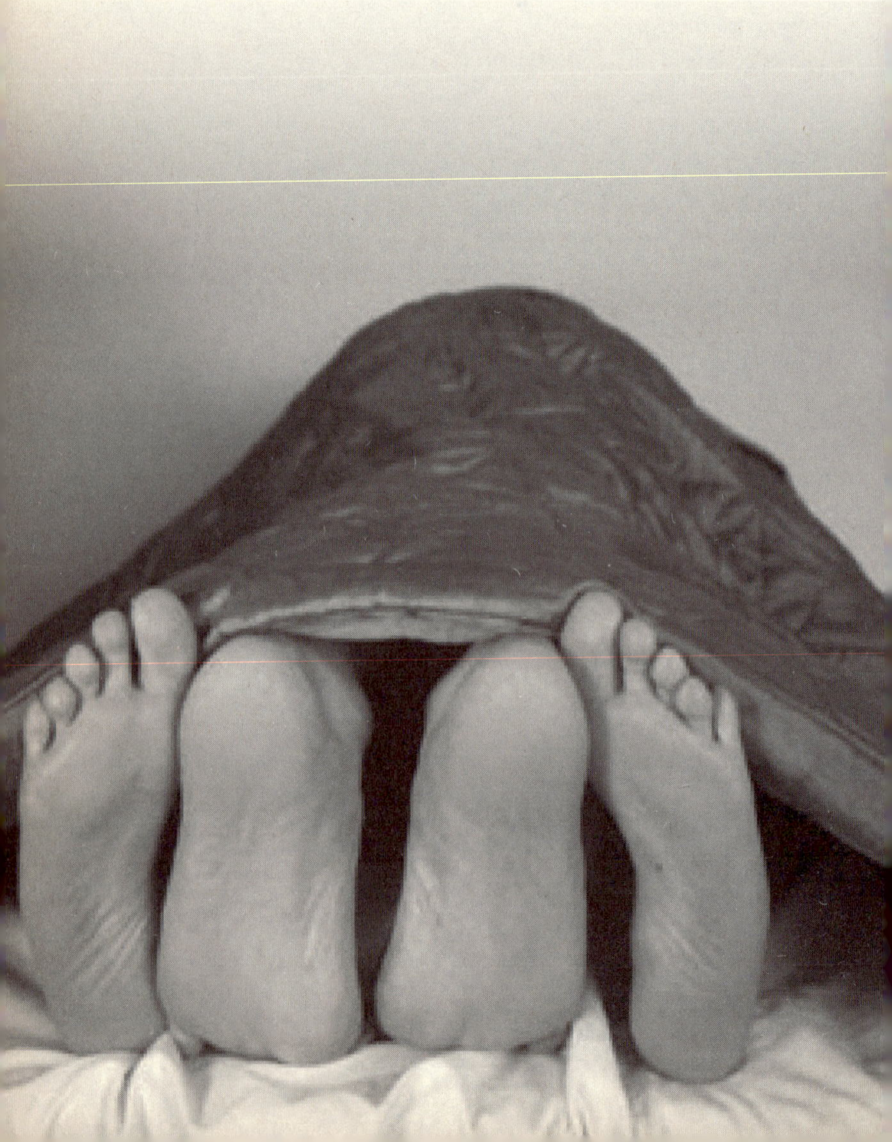

? Gibt es Länder, in denen die Homosexualität nach wie vor verboten ist?

Ja.

Erstaunlicherweise ist sie nur im sogenannten aufgeklärten Abendland legal, und das auch erst seit einigen Jahren. In Irland war sie noch bis 1993 illegal.

Die Länder, in denen Homosexualität nach wie vor verboten ist, sind leider die üblichen Verdächtigen, nämlich muslimische und afrikanische Länder (außer Südafrika).

Wie inzwischen bekannt sein dürfte, verbietet die Scharia bzw. das islamische Gesetz die Homosexualität. Was Afrika betrifft, ist die männliche Homosexualität laut neueren Erhebungen in 29 und die weibliche in 20 Ländern illegal.

In Indien ist Homosexualität ebenfalls verboten.

? Spart man beim vorzeitigen Samenerguss nicht einfach Zeit?

Der vorzeitige Samenerguss kommt ziemlich häufig vor. Googelt man den Fachbegriff (»*premature ejaculation*«) erhält man 1 200 000 Einträge. Viele davon bieten Betroffenen ihre Hilfe an.

Aber warum wird dann so eine Geheimniskrämerei um dieses Thema veranstaltet? Nur damit Sie sich ein Bild machen können: Die folgenden VIPs waren die einzigen, die ich diesbezüglich recherchieren konnte: König Edward VIII., John Maynard Keynes, Tony Curtis (in seiner Jugend), Havelock Ellis (der es bis zum Alter von 60 auf keine vaginale Penetration brachte), Johann Wolfgang von Goethe (bis Ende 30), Groucho Marx (ein Leben lang), Henry Fonda (zumindest wenn man seiner Exfrau, Margaret Sullavan, Glauben schenkt), Rock Hudson (laut der Frau, mit der er Sex hatte – und da wollte er bestimmt nur Zeit sparen) und John F. Kennedy (noch ein Mann, der bestimmt Zeit sparen wollte – aber nur, weil er sich um so viele Frauen auf einmal kümmern musste).

Nicht gerade viele.

Wie Sie bei der Frage »Können auch Männer einen Orgasmus vortäuschen?« nachlesen können, hatte ich genau das entgegengesetzte Problem (ich brauchte ewig!). Deshalb hatte ich lange Schwierigkeiten, mich in die Knaben hineinzuversetzen, die diesbezüglich so viel schneller waren als ich.

Aber nachdem ein damaliger Bekannter von einem besonders grausamen Mädchen als »vorzeitiger Ejakulierer« geoutet worden war, begriff ich, dass man die Unfähigkeit, eine sexuelle Beziehung einzugehen, die länger als ein paar Sekunden dauert, durchaus als Fluch betrachten kann.

Generationen von Zen-Buddhisten haben ihr Leben der Frage geweiht: »Wenn im Wald ein Baum umfällt und niemand hört's – macht er dann ein Geräusch?« Ich und meine Freunde dachten da wesentlich prosaischer: Kann sich ein Mann mit Sex brüsten, wenn das Mädchen nicht das Geringste davon bemerkt hat?

Persönlich habe ich mit dem armen Jungen nie über sein Problem gesprochen. Er verschwand bald darauf aus unserem Bekanntenkreis. Das grausame Mädchen hat einen Immobilienmakler geheiratet. Aber sie hat es auch nicht besser verdient!

Als ich Nachforschungen in meinem (jetzigen) Bekanntenkreis anstellte, gab nur ein Mann zu, ein vorzeitiger Ejakulierer zu sein – und auch das nur in seiner Jugend. Roger (ein besseres Pseudonym ist mir auf die Schnelle nicht eingefallen) erzählte mir, dass es in seinem Fall etwas mit Nervosität und Lust zu tun hatte. »Ich brauchte nur daran zu denken, dass ich, na ja, in Kürze vögeln würde, da kam ich auch schon. Meine Güte! Da fummelt man seit einer Ewigkeit an sich rum und kann es kaum erwarten, »echten« Sex zu haben. Und wenn es dann so weit ist, explodiert man schon, bevor man überhaupt angefangen hat.«

Ich sagte, dass ich gut verstehen könne, dass so was beim ersten Mal passiert – weil der Erwartungsdruck groß ist –, aber später auch noch?

»Soll das ein Witz sein? Da war es noch schlimmer! Mittlerweile war es wirklich rein nervlich bedingt. So nach dem Motto: Oh Gott, hoffentlich komme ich nicht zu früh! Und genau das passiert dann natürlich.«

»Und wie wurdest du davon geheilt?«

Er zuckte mit seinen mittelalten Schultern. »Die Zeit heilt alle Wunden. Mit genügend Übung bekommt man immer weniger Lust, wird aber auch weniger nervös. Außerdem hat mir Tina (seine Frau) sehr geholfen, weil sie damals kein Drama drum gemacht hat.«

»Ich wette, heute wünscht sie sich, du wärst wieder schneller.«

Seine Augen funkelten in jugendlichem Zorn. »Nein, Mitch! Wenn es um Sex geht, wollen nicht alle Leute ›Zeit sparen‹. Du musst nicht immer gleich von dir auf andere schließen.«

Aua!

? Was ist eigentlich so toll (und clever) an Bigamie?

Ja, was eigentlich?

Bigamie gehört zu jenen Verbrechen, denen die Strafe auf dem Fuße folgt – und zwar in Gestalt von zwei Ehefrauen und zwei Schwiegermüttern. Nicht umsonst sagte Oscar Wilde, der nicht gerade als Frauenheld bekannt ist: »Bigamie: eine Frau zu viel. Monogamie: dasselbe.« Fairerweise sollte ich vielleicht dazusagen, dass dieses Zitat auch schon Erica Jong und Gloria Swanson in den Mund gelegt worden ist.

Interessanterweise gibt es nur wenige Frauen, die in Bigamie leben. Und zwar nicht nur, weil Frauen viel zu vernünftig sind, sondern weil Frauen Dinge, die eigentlich unvereinbar sind, nicht so leicht voneinander trennen können wie Männer.

Die Bigamie oder Doppelehe war schon immer ungewöhnlich, kommt aber heute nur noch sehr selten vor. Zum einen wegen der besseren Kommunikationsmöglichkeiten (womit ich vor allem die Handys meine), zum anderen, weil Männer heute nicht mehr heiraten müssen, um eine Frau ins Bett zu bekommen. Die Motivation ist also wesentlich geringer.

Und so stieß ich bei meiner Recherche auch nur auf sehr wenige »berühmte« Bigamisten. Rudolph Valentino, George Gissing, Jerry Lee Lewis (mit 16!), Anaïs Nin, Judy Garland und Steven Segal waren alle – bewusst oder unbewusst – mit zwei Partnern gleichzeitig verheiratet. Angeblich soll auch John F. Kennedy in den 40er-Jahren eine Dame der Gesellschaft namens Durie Malcolm geehelicht haben, mit der er 1953 bei seiner Hochzeit mit Jacqueline Bouvier immer noch verheiratet war. Und Sir Michael Redgrave sowie Lord Jeffrey Archer sollen beide bigamistische Väter gehabt haben.

Wie kommen Männer – und vor allem Männer in Bars – eigentlich darauf, dass sie von einer Frau umso mehr begehrt werden, je begehrenswerter sie ist?

Sie kennen solche Szenen. Ein paar Typen sitzen zusammen an der Bar. Da kommt eine schöne Frau herein, und sie unterhalten sich wie folgt:

»He! Habt ihr die gesehen?«
»Wow!«
»Die sieht fantastisch aus!«
»Ich wette, sie kann es kaum erwarten!«
»Die ist ganz scharf drauf!«
»Schlampe!«

Na gut, na gut, Sie haben schon verstanden, was ich meine.

Die Frau hat nichts Provozierenderes getan, als eine Bar zu betreten und zufälligerweise hübsch auszusehen.

Was soll das also?

Ich beschloss, die Psychiaterin Anne Kreeger zu fragen.

»Was glaubst du denn?«

»Entschuldigung, aber ich bin gekommen, um Antworten zu finden, nicht, um Fragen gestellt zu bekommen.«

»Denk doch mal nach, Mitch«, sagte sie und schlug ihre (wirklich hübschen) Beine übereinander.

»Keine Ahnung. Vielleicht sendet sie unbewusst irgendein Signal aus. Vielleicht ist das für ihre Attraktivität verantwortlich.«

»Nein!« Sie gab mir nicht das Gefühl, ein besonders intelligenter Student zu sein. »Das vielleicht auch, aber darum geht es nicht. Die Männer projizieren ihre Wünsche auf sie. Und dazu neigen Männer ganz besonders. Sieh dir nur Hitler an …«

»Muss ich wirklich?«

»Nein, im Ernst. Das, was er am meisten an sich hasste – vor allem sein abnormes Sexualverhalten – projizierte er auf die Juden, die er dann der perversesten sexuellen Handlungen beschuldigte. Dasselbe passiert auch in unserem Fall. Die Männer finden diese Frau schön und begehrenswert und unterstellen ihr, dass sie ›scharf drauf‹ ist.«

»Drücken sich so Psychologen aus, Mrs. Kreeger?«

»Wie?«

»Dass sie ›scharf drauf ist‹.«

»Du würdest dich wundern, wie wir uns ausdrücken, wenn wir einmal nicht im Dienst sind! Aber es ist interessant, dass du diese Szene in einem Pub ansiedelst und damit zwei weitere wichtige Faktoren mitberücksichtigst: Gruppenzwang und Alkoholeinfluss.«

? Sind enthaltsame Menschen produktiver als der Rest der Bevölkerung?

Ich bin bestimmt nicht produktiver als andere Männer mittleren Alters. Allerdings wird man mich kaum als enthaltsam bezeichnen können. Und damit meine ich nicht nur die (begrenzte) Zeit, die ich mit lustvollen sexuellen Begegnungen verbringe, sondern auch die (gar nicht so begrenzte) Zeit, in der ich an Sex denke.

Natürlich arbeite ich auch, esse, sehe mir die Sportschau an und spiele Poker im Internet – was alles nichts mit Sex zu tun hat (von dem Verfassen dieses Buches mal abgesehen). Trotzdem kommt es nur selten vor, dass ich nicht von meiner Libido abgelenkt werde.

So ist das eben.

Ich habe einen Bekannten, der mir einmal anvertraut hat, dass er und seine Partnerin keinen Sex mehr haben.

Also habe ich ihn angerufen, ihm von diesem Buch erzählt und ihn gebeten, mir bei dieser Frage zu helfen. Und jetzt raten Sie mal, um was er mich gebeten hat? Um absolute Anonymität! Warum nur…

Jedenfalls konnte mir Vivien, wie ich ihn an dieser Stelle nennen möchte, bestätigen, dass er tatsächlich enthaltsam lebt. »Ich habe einen derart geringen Sexualtrieb – und das war eigentlich schon immer so –, dass ich es einfacher fand, das Thema völlig ad acta zu legen, als es ständig im Raum stehenzulassen.«

»Und was sagt deine Partnerin dazu?«

»Sie hat damit keine Probleme. Ehrlich gesagt, war sie auch nie besonders scharf auf Sex. Sex hat in unserer Beziehung noch nie eine große Rolle gespielt, und wenn, dann höchstens sein Nichtvorhandensein: Manchmal quälten uns richtige Schuldgefühle, weil wir so wenig dagegen unternahmen. So gesehen war die Entscheidung, keinen Sex mehr zu haben, die beste unseres Lebens.«

»Und, bist du jetzt produktiver als Leute, die nicht enthaltsam leben?«

Er kicherte. »Doch, schon, wenn auch aus ganz anderen Gründen. Nehmen wir mal an, dass der Durchschnittsmann ein Mal pro Woche Sex hat, und das vielleicht zwanzig Minuten.«

»Ja, inklusive Vorspiel und anschließendes Kuscheln.«

»Natürlich! Aber jetzt mal im Ernst, Mitch – zwanzig Minuten sind doch nichts im Vergleich zu einer ganzen Woche, die aus mehreren tausend Minuten besteht. Wie viel mehr Arbeit kann man in diesem Zeitraum schon erledigen – vorausgesetzt, dass man an einem Samstagabend um 23 Uhr überhaupt noch arbeitet? Nein, der große Unterschied zwischen dir und mir ist nicht, dass du Sex hast und ich nicht, sondern dass du darüber nachdenkst und ich nicht. *Da* spare ich die Zeit. Ich habe nicht vor, mit meiner Sekretärin ins Bett zu gehen …«

»Ich auch nicht!«

»Ich habe keine Affären …«

»Ich auch nicht!«

»Ich bin nicht schwanzgesteuert …«

»Na gut, ertappt!«

»In der ganzen Zeit, in der du darüber nachdenkst, darüber redest, dir Sorgen machst, du könntest nicht genug Sex bekommen, in der du dich deshalb im Internet tummelst, könntest du genauso gut arbeiten. So gesehen würde ich schon sagen, dass enthaltsame Menschen produktiver sind als so bemitleidenswerte Kerle wie du.«

»Ich BIN kein bemitleidenswerter Kerl!«

Oder entlarvt mich die eingangs gestellte Frage bereits als solchen?

Ach du meine Güte!

Bleibt festzuhalten, dass Sir Cliff Richard, der einen absolut überirdisch großen musikalischen Output hat, und Sir Alfred Hitchcock, der die großartigsten Filme von allen gedreht hat, enthaltsam lebten.

? Wie sehr muss man auf Natursekt stehen, um ihn auch noch nach dem Spargelessen genießen zu können?

In *Warum Frauen nicht werfen können* habe ich versucht, die Frage zu beantworten, warum der Verzehr von Spargel einen seltsamen Uringeruch verursacht. (Wie sich herausstellte, gilt das nicht für jeden, aber diejenigen, die das spezielle Gen haben, zerlegen Schwefelverbindungen in Lebensmitteln wie Spargel und Knoblauch so, dass ein übel riechender Urin entsteht.)

Doch was ich mit dieser Frage eigentlich sagen will, ist Folgendes: Obwohl ich akzeptieren kann, dass es Leute gibt, die Spaß daran haben, sich gegenseitig anzupinkeln, könnte ich mir doch vorstellen, dass es gewisse Grenzen gibt.

Höchste Zeit also, meinen Freund Rick anzurufen.

»Oh ja«, sagte er unbeeindruckt, »ich bin ein echter Fan von Natursekt – oder Wassersport – , wenn auch nicht von Kaviar.«

»Kaviar? Das ist neu für mich.«

»A-a oder Kot.«

»Oh nein, ist das eklig!«

»Wieso? Wenn es das ist, was zwei Erwachsene im gegenseitigen Einvernehmen tun wollen?«

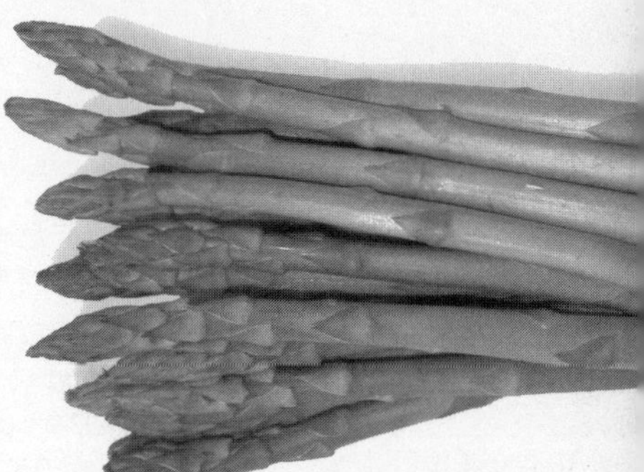

»Weil … weil …«

»Mann, hast du Vorurteile! Ich bin kein Fan von Kaviar, weil mich das schlichtweg nicht anmacht. Aber wenn mich das anmachen würde oder ich eine Partnerin hätte, die absolut darauf steht …«

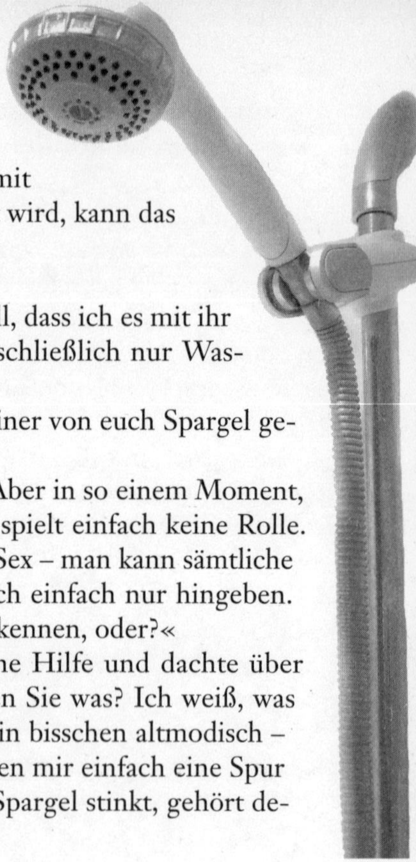

»Es reicht! Zurück zum Natursekt!«

»Na gut. Wenn man von einer echt erotischen Frau mit einer *Golden Shower* verwöhnt wird, kann das wirklich fantastisch sein …«

»Wenn du das sagst …«

»Und ob! Und wenn sie will, dass ich es mit ihr mache, warum nicht? Es ist schließlich nur Wasser.«

»Aha. Aber was ist, wenn einer von euch Spargel gegessen hat?«

»Ich weiß, was du meinst. Aber in so einem Moment, stört auch das nicht groß: Es spielt einfach keine Rolle. Das ist ja das Tolle an gutem Sex – man kann sämtliche Bedenken ausschalten und sich einfach nur hingeben. Aber das scheinst *du* nicht zu kennen, oder?«

Ich bedankte mich für seine Hilfe und dachte über seine Worte nach. Und wissen Sie was? Ich weiß, was er meint, und bin sicherlich ein bisschen altmodisch – trotzdem: Manche Dinge gehen mir einfach eine Spur zu weit. Und Urin, der nach Spargel stinkt, gehört definitiv dazu.

? Warum sehen Frauen, die eine Hormonersatztherapie (HET) machen, immer aus wie frisch aus dem Sonnenstudio?

Ich weiß durchaus, dass viele Fragen in diesem Buch nicht gerade geschmackvoll sind. Diese hier ist eindeutig ziemlich daneben. Wahrscheinlich haben Sie über dieses Thema noch nie nachgedacht – geschweige denn, sich die ganze Nacht den Kopf darüber zerbrochen. Aber glauben Sie mir: Jede weibliche Prominente eines gewissen Alters, die sich im Fernsehen oder in Zeitschriften über die Vorteile einer Hormonersatztherapie auslässt, stellt eine schier unglaubliche Bräune zur Schau! Ich würde sogar so weit gehen, sie als orange zu bezeichnen.

Warum?

Gibt es da einen direkten Zusammenhang, oder ist es einfach nur Zufall? Oder täusche ich mich etwa?

Keine Ahnung, wo ich anfangen soll, um diese Frage zu beantworten. Aber Mrs. Symons, eine wunderbare Frau, von der ich Ihnen bestimmt schon mal erzählt habe, nähert sich jenem Alter, in dem ein gewisses Fachwissen über diese Themen nicht schaden kann. Also habe ich sie um einen direkten Frontbericht gebeten.

Sie nahm den Auftrag an, ja, akzeptierte sogar die stillschweigende Voraussetzung, die diese Frage beinhaltet.

Nach einer ausgiebigen Recherche – die unbegreiflicherweise eine beängstigende Anzahl von Restaurantbesuchen mit Freundinnen mit sich brachte –, erzählte sie mir, dass da tatsächlich ein gewisser Zusammenhang bestehe. Wenn auch ein rein kosmetischer und kein medizinischer.

»Bevor sich eine Frau einer Hormonersatztherapie unterzieht, fühlt sie sich in der Regel ziemlich mitgenommen. Deshalb beginnt sie mit der Therapie.«

So weit alles klar.

»Sobald sie mit der Hormonersatztherapie begonnen hat, stellt sie häufig fest, dass sie ihr gesamtes Wohlbefinden und Liebesleben verbessert.«

»Aber was hat das mit ihrer Hautfarbe zu tun?«

»Geduld, Geduld: Und weil das so ist, möchte sie ihr Wohlbefinden noch weiter steigern. Plötzlich ist sie extrem um ihr Äußeres bemüht. Daher auch die Bräune – sei sie nun echt oder falsch. Sie will einfach so gut aussehen wie möglich.«

»Selbst, wenn sie dabei riskiert, orange auszusehen?«

»Ja, selbst dann. Außerdem musst du wissen, dass eine riesige Industrie dahintersteckt. Laut Statistik machen in der westlichen Welt zwischen zwanzig und fünfzig Prozent der Frauen zwischen 45 und 70 eine Hormonersatztherapie.«

»Und wie funktioniert das?«

»Die Hormonersatztherapie hilft gegen Hitzewallungen und Nachtschweiß. Außerdem beugt sie vaginaler Trockenheit vor. Sie reduziert das Risiko von Oberschenkelhalsbrüchen infolge von Osteoporose.«

»Verstehe. Aber es macht einen nicht orange?«

»Nicht unbedingt.«

Plötzlich bekomme ich es mit der Angst. »Aber du hast doch nicht auch vor, orange zu werden, oder?«

Ich bekam keine Antwort und lebe seitdem in permanenter Angst, eines Tages mit einer Frau dazustehen, die halb Frau, halb Orange ist.

? Kann man an einem gebrochenen Herzen sterben?

Die Antwort auf diese Frage zeigt auch, wie weit unser Bedürfnis gehen kann, sich von unseren Gefühlen zu distanzieren.

Aber eins nach dem anderen: Vor Hunderten von Jahren galt Trauer als eine ganz normale Todesursache. Dann lehrten uns »Vernunft« und »Aufklärung«, von einer solchen Überzeugung Abstand zu nehmen. Erst in jüngster Zeit hat sich die Schulmedizin wieder mit Fällen von Herzstillstand beschäftigt, die nach einer großen emotionalen Belastung auftraten. Und kam zu dem Schluss, dass man tatsächlich an einem gebrochenen Herzen sterben kann.

Das hätte man mal Johnny Cash sagen sollen, der nur wenige Monate nach dem Tod seiner Frau June an gebrochenem Herzen gestorben ist.

Doch von Mr. Cash einmal abgesehen, kommt dieser Typ Herzinfarkt (der Fachbegriff lautet Stress-Kardiomyopathie), bei dem ein vollkommen gesunder Mensch einem solchen Stress ausgesetzt wird, dass er stirbt, bei Frauen wesentlich häufiger vor als bei Männern.

Der Grund dafür könnte äußerst prosaisch sein: Da Männer wesentlich früher sterben als Frauen, muss es auch mehr Frauen mit einem gebrochenen Herzen geben als Männer.

Aber nicht nur der Tod eines geliebten Menschen kann zu einer solchen Ausschüttung von Stresshormonen führen, dass das Herz zum Stillstand kommt. Auch traumatische Trennungen und Schockzustände können tödlich enden. Insofern wäre es schon lohnenswert, gründlich darüber nachzudenken, warum Frauen in diesem Punkt deutlich anfälliger sind. Bisher sagten die Wissenschaftler dazu nur: »Das hat irgendwas mit den weiblichen Hormonen zu tun oder damit, wie ihr Gehirn mit dem Herzen verbunden ist.« Mit anderen Worten: Keine Ahnung.

Die *Johns Hopkins School of Medicine* hat jedoch eine Studie an 19 Patient*innen* durchgeführt, die zwischen 1999 und 2003 einen auf den ersten Blick »ganz normalen Herzinfarkt« erlitten hatten. Doch alle hatten eine extreme emotionale Belastung erlebt: Sie hatten eine Todesnachricht erhalten, waren Zeuge eines bewaffneten Raubüberfalls geworden, in einen Autounfall verwickelt gewesen oder hatten sich plötzlich auf einer für sie veranstalteten Überraschungsparty wiedergefunden. Das Interessante daran war, dass sie zwar alle schon etwas älter waren, aber noch nie zuvor Herzprobleme gehabt hatten.

Als man diese Menschen mit Patienten verglich, die »normalere« Herzinfarkte erlitten hatten, fand man heraus, dass die Arterien der 19 Patientinnen gesund und nicht verstopft waren. Aber dafür war ihr Stresshormonpegel (wie zum Beispiel der Adrenalinspiegel) zwei- bis dreimal so hoch wie bei den »normalen« Herzinfarktopfern und mindestens siebenmal höher als bei Gesunden.

Laut Dr. Wittstein von der *Johns Hopkins School of Medicine* »ist zu vermuten, dass große Mengen von Stresshormonen direkt ins Herz gelangen können und dort zu einem Stillstand des Herzmuskels führen. Das wiederum zieht eine zeitlich begrenzte Dysfunktion nach sich, die an einen Herzinfarkt erinnert. Der Herzmuskel stirbt dabei nicht ab wie bei einem typischen Herzinfarkt, sondern wird einfach nur außer Kraft gesetzt.«

Obwohl sich Patienten von einer Stress-Kardiomyopathie erholen können, haben diejenigen, deren Infarkt nicht durch einen Schock, sondern durch den Verlust eines geliebten Menschen ausgelöst wurde, eine schlechtere Prognose, da sie weniger zum Weiterleben motiviert sind.

? Stimmt es, wie Woody Allen behauptet, dass Bisexuelle doppelt so viele Chancen auf eine Verabredung am Samstagabend haben?

»Früher hatten die Leute Sex mit allem, was gerade in der Nähe war.«

»Ich hasse sie! Die können den Hals einfach nicht voll kriegen«, sagte mein Kumpel Pete eines Tages zu meinem großen Entsetzen. »Die sollen sich lieber mal überlegen, wohin sie eigentlich gehören.«

»Das ist doch nicht dein Ernst?!«

»Na gut, ertappt! Aber ehrlich gesagt bin ich wirklich nicht besonders gut auf Kerle zu sprechen, die zweigleisig fahren.«

»Aber warum denn?«

»Na ja, wenn sie mit anderen Männern mitgehen, sind sie schwul, oder? Von mir aus gerne, dann bleibt für uns mehr übrig. Aber wenn sie dann auch noch in unserem Revier wildern, verbrauchen sie wertvolle Ressourcen.«

Ich hielt ihm vor, dass er mit bisexuellen Frauen weniger Probleme zu haben schien.

»Im Gegenteil: Je mehr, desto besser. Es gibt nichts Geileres als zwei Lesben, die es sich so richtig besorgen.«

Erst wenn ich mit solchen Steinzeitmenschen wie Pete zusammen bin, merke ich, wie sich mein Bewusstsein in den letzten Jahren verändert hat.

Zum Glück pflege ich auch Kontakte zu intelligenten Menschen wie zu der Sozialanthropologin Dr. Lorraine Makkintosh.

Die meinte dazu: »Sie dürfen nicht vergessen, dass wir die Menschen erst seit (relativ) kurzer Zeit in solche Kategorien einteilen. Früher hatten die Leute Sex mit allem, was gerade in der Nähe war. So gesehen ist die Homosexualität eher ein Konstrukt des 19. Jahrhunderts.

Natürlich war heterosexueller Sex schon immer für den Erhalt unserer Art notwendig. Aber wenn es um Sex als Freizeitvergnügen geht, gab es Epochen, die wesentlich weniger prüde waren als die unsrige.«

»Das überrascht mich jetzt. Ich dachte, die Menschheit ist mit der Zeit immer toleranter geworden.«

»In manchen Dingen ja, in manchen nein. Sitten und Gebräuche entwickeln sich nie strikt linear. Ein Verhalten kann in der Gesellschaft ruhig weit verbreitet sein, ohne offiziell anerkannt zu werden.«

Das war schon mal ganz hilfreich. Trotzdem wurde es jetzt höchste Zeit, einen echten Bisexuellen zu befragen.

Und das war gar nicht so einfach, wie es klingt. Ich kenne viele Schwule und Lesben, aber keine Bisexuellen, zumindest glaubte ich das.

Erst als ich meinen Freund Hugh fragte, den ich bisher für ausschließlich schwul gehalten hatte – und ihn bat, mir bei meiner Suche nach jemandem, der zweigleisig fährt, behilflich zu sein, gestand er mir, dass die Beschreibung genau auf ihn passte.

»Das wusste ich gar nicht«, sagte ich fast vorwurfsvoll.

»Es gibt vieles, was du nicht weißt. Du neigst nun mal zum Schubladendenken, Mitch. Für dich ist man entweder homo, hetero, verheiratet oder Single. Aber so ist das Leben nun mal nicht. Manchmal ist es komplizierter und manchmal auch schlichter. Um den guten alten James Dean zu zitieren: »Warum sollte ich mit einer auf den Rücken gebundenen Hand durchs Leben gehen?«

»Moment mal«, stotterte ich. »Ich habe dich noch nie mit einer Frau gesehen.«

»Ah, verstehe. Nur, weil du etwas nicht weißt, kann es auch

nicht stattgefunden haben. ›Wenn im Wald ein Baum umfällt und niemand hört's – macht er dann ein Geräusch …?‹«

»Jetzt komm mir bitte nicht damit …«

»Schon gut, aber was ich sagen will, ist: Er macht ein Geräusch – auch wenn Mitch Symons zufälligerweise mal nicht zugegen ist. Und ja, ich bin hauptsächlich schwul. Aber wenn mir eine Frau gefällt – und ich ihr auch gefalle –, muss man weder mich noch sie dazu zwingen.«

»Na gut. Und, hat man als Bisexueller doppelte Chancen?«

»Ich bin kein Bisexueller. Hör auf, mich in diese Schublade zu stecken! Ich bin ich, Hugh. Manchmal – und zwar meistens – habe ich Sex mit Männern und manchmal mit Frauen. Und wenn ich Lust auf Sex mit Tieren hätte, würde ich eben Sex mit Tieren haben. Aber deswegen muss ich noch lange kein ›Bestialist‹ sein oder wie das heißt. Wenn ich einmal die Woche Tennis spiele, macht mich das ja auch nicht gleich zum Tennisspieler.«

»Ich wusste gar nicht, dass du Tennis spielst.«

»Es gibt wirklich wahnsinnig viel, was du nicht weißt …«

»Ich hab dich schon verstanden. Trotzdem: Führt eine bisexuelle Veranlagung – bzw. die prinzipielle Bereitschaft, mit Partnern beiderlei Geschlechts zu schlafen … bzw. … du weißt schon, was ich meine …«

Er half mir aus der Klemme. »Ich verbringe nur selten eine Nacht allein – und wenn, dann freiwillig. Aber das hat nichts damit zu tun, dass ich ein Homo, ein Hetero oder ein Bisexueller bin, sondern damit, dass ich einfach nur fantastisch bin!«

Wenn du das sagst, Hugh.

? Denken Männer wirklich alle sechs Sekunden an Sex?

Was, nur so selten?

Nein, Spaß beiseite – auch wenn ich bei Sexfragen deutlich dazu neige, in pubertäre Verhaltensweisen zurückzufallen. Aber nicht einmal ich glaube, dass Männer öfter als zweimal pro Stunde an »es« denken. Es gibt nämlich noch andere Dinge im Leben. Wozu hat Gott Essen, Sport und Fernsehen sonst erfunden?

Eben.

Woher kommt also die »Sechs-Sekunden«-Idee?

Merkwürdigerweise weiß das niemand.

Deshalb müssen wir wohl davon ausgehen, dass es ein böses Gerücht ist, das von den Frauen in die Welt gesetzt wurde. Denn nur so konnte aus dem Satz »Männer sind einfach lächerlich, sie denken die ganze Zeit nur an Sex« so etwas werden wie »Männer sind einfach lächerlich, sie denken die ganze Zeit nur an Sex. Angeblich alle zehn Sekunden.« Je genauer die Angaben, desto einfacher lassen sich Lügen verbreiten (s. auch das Beispiel von Marianne Faithfull und dem Marsriegel. Wie ich bereits in *Warum Frauen nicht werfen können* erklärt habe, befanden sich keinerlei Süßwaren unter den bei Mick und Keith gefundenen Drogen. Aber das hielt die Leute auch nicht davon ab, das genaue Gegenteil zu behaupten, und es zu »beweisen«, indem sie das genaue Produkt nannten.) Dass aus zehn Sekunden irgendwann sechs wurden, ist nichts weiter als eine zusätzliche Ausschmückung.

Laut dem Kinsey-Institute denken 54 Prozent der Männer täglich oder mehrmals täglich an Sex, 43 Prozent mehrmals im Monat oder ein paar Mal die Woche und vier Prozent seltener als einmal im Monat. Im Vergleich dazu denken 19 Prozent der Frauen täglich oder mehrmals täglich an Sex, 67

Prozent mehrmals im Monat oder ein paar Mal die Woche und 14 Prozent seltener als einmal im Monat.

Und wenn, dann genau sechs Sekunden!

Und wie viel Zeit bleibt da noch für Internetpoker?

? Kann man von Sex im Stehen auch schwanger werden?

Als ich zur Schule ging, musste ich zwischen Latein und Biologie wählen. Ich habe mich für Latein entschieden und dementsprechend wenig Ahnung vom menschlichen Körper und seinen Funktionen. Natürlich weiß ich, dass wir 206 Knochen haben und sich der kleinste in unserem Ohr befindet, aber dieses triviale Wissen hilft einem im Alltag auch nicht groß weiter.

Und so kam es, dass ich erst mit dreißig (als ich bereits Vater von zwei Kindern war) erfuhr, dass Frauen Eier haben.

Wie eigenartig!

Es ist übrigens auch noch gar nicht so lange her, dass ich allen Ernstes glaubte, das Geschlecht eines Kindes ließe sich dadurch bestimmen, wer von beiden sich bei der Zeugung mehr anstrengt.

Mir wurde bewusst, dass ich auf diesem Gebiet wirklich über ein beängstigendes Unwissen verfüge. Haben Sie schon mal was von dem Begriff »tyrannical ignorance« gehört? In diesem Fall weiß man nicht, was man nicht weiß. Mit anderen Worten: Man kennt nicht nur die Antwort nicht, sondern nicht einmal die Frage.

Bei vielen Fragen dieses Buches musste ich feststellen, dass ich an genau dieser »tyrannical ignorance« leide – und ganz besonders bei dieser Frage hier.

Wie funktioniert das Fortpflanzungssystem der Frau? Gibt es da bestimmte Details, die für diese Antwort eine Rolle spielen? Meine Kenntnisse des weiblichen Körpers habe ich hauptsächlich aus Schundheften bezogen. Ich bin schon verwirrt, wenn ich eine nackte Frau sehe, die keine Heftklammern in der Taille hat!

Doch zurück zur Frage. (Was ich da übrigens gerade gemacht habe, nennt man im Journalismus einen szenischen Einstieg. Ich dachte, das könnte Sie interessieren – nur damit Sie später nicht sagen, Sie hätten aus diesem Buch nichts gelernt.) Ich fand eigentlich immer, dass Sex im Stehen nicht gerade konsequent ist. So ähnlich wie Essen im Stehen.

Nehmen wir also zwei Paare, Paar 1 und Paar 2. Paar 1 hat nur Sex im Stehen, und Paar 2 macht es immer im Liegen. Dann müsste Paar 1 doch eigentlich größere Schwierigkeiten haben, ein Kind zu zeugen, oder? (Vorausgesetzt, anatomisch ist bei beiden Paaren alles gleichermaßen in Ordnung.)

Ich beschloss, den *British Pregnancy Advisory Service* anzurufen, dessen Sprecherin, Vishnee Sauntoo, gleich doppelt qualifiziert ist, da sie auch Biotechnologin ist. »Nein. Ich bin mir sicher, dass das überhaupt keinen Einfluss darauf hat. Ich habe früher für die *Human Fertilisation and Embryology Authority* gearbeitet, die Kontrollbehörde für künstliche Befruchtungen sozusagen. Von daher meine ich, dass die Stellung keinerlei Einfluss auf das Kinderkriegen hat.«

Geduldiger und freundlicher, als ich es eigentlich verdient hätte, erläuterte sie mir, dass man auch von Sex im Stehen schwanger werden kann. Das soll euch Deppen eine Warnung sein, falls ihr meint, eine schnelle Nummer im Stehen macht jede anständige Verhütung überflüssig!

Es gibt Leute, die es besser wissen.

Den größten Aha-Effekt bescherte mir Vishnee jedoch, als sie sagte: »Je gestresster man ist, desto unwahrscheinlicher wird man schwanger.«

»Moment mal«, sagte ich, »bedeutet das, dass ein Paar, das sich am wenigsten Gedanken über die Verhütung macht, eher schwanger wird als ...

»... als das Paar, das eine künstliche Befruchtung vornehmen lässt und sich dem damit verbundenen Stress aussetzt. Das erklärt auch, warum angeblich unfruchtbare Paare keine

Kinder bekommen, bis sie eines adoptieren – und schwupps wird die Frau schwanger.«

Bevor ich mich von Vishnee verabschiedete, bat ich sie noch, mir zu sagen, ob bestimmte Stellungen das Geschlecht eines Kindes beeinflussen können. Doch sie meinte nur: »Darüber ist uns nichts bekannt.«

? Ist Sex gleichzeitig Sport?

Ja.

Ein wirklich intensives Intermezzo ist gesünder als ein Workout im Fitnessstudio (und wesentlich lustvoller). Selbst Sex unter Verheirateten ist besser als gar kein Sex – entschuldigung, ich meinte »als gar kein Sport«.

Eine Person durchschnittlicher Größe verbraucht in einer Viertelstunde »durchschnittlichem Sex« (Sie wissen schon, was ich meine) mit fünf Minuten Vorspiel bis zu hundert Kalorien.

Gar nicht so schlecht, oder?

Hinzu kommen jene Kalorien, die dadurch verbraucht werden, dass man sich gegenseitig auszieht. Laut einem Professor aus Italien – woher denn sonst? – verbraucht man beim beidhändigen Öffnen eines BHs acht Kalorien, während das einhändige Öffnen sagenhafte 18 Kalorien verbrennt.

Und dann gibt es da noch den Zungenkuss, der etwa sechs Kalorien pro Minute bringt. Demnach hat man nach zehn Minuten wilden Herumknutschens ... sagen wir mal ein Kit-Kat gut.

Und dabei sind die Kalorien bei der (gespielten) Partnerjagd noch gar nicht berücksichtigt!

Aber selbst, wenn der Partner nicht mitspielt, muss man noch lange nicht auf eine Gewichtsabnahme mithilfe von Sex verzichten. Laut der *Young People's Reproductive and Sexual Health & Rights Organization* verbraucht man beim Masturbieren zwischen hundert und hundertfünfzig Kalorien.

Das bringt mich wiederum auf den Gedanken, dass ich nicht deshalb übergewichtig bin, weil ich zu viel esse, sondern weil ich zu wenig wichse. Aber da lässt sich leicht Abhilfe schaffen.

? Welche Gesundheitsvorteile – wenn überhaupt – bringt das Samenrunterschlucken?

Jede Menge. Das geht mit einem unglaublichen Gesundheitsnutzen einher, keine Frage.

Und tatsächlich bekam ich neulich folgende E-Mail:

»Frauen, die regelmäßig Fellatio praktizieren, und zwar etwa ein- bis zweimal die Woche, können ihr Risiko, an Brustkrebs zu erkranken, um 40 Prozent senken. Bisher hatten die Ärzte noch keinen Zusammenhang zwischen Fellatio und Brustkrebs hergestellt, aber neuere Forschungen legen nahe, dass dieser durchaus besteht. Bei einer Studie mit über 15 000 Frauen, die laut eigener Angabe seit zehn Jahren Fellatio praktizierten, fanden Forscher heraus, dass jene, die es regelmäßig, also ein- bis zweimal die Woche taten, seltener an Brustkrebs erkrankten als diejenigen, die keine Fellatio praktizieren. Ein erhöhtes Brustkrebsrisiko für Frauen, die sie nicht regelmäßig praktizieren, konnte allerdings nicht nachgewiesen werden.«

Das war natürlich nur ein Scherz – leider …

Ich hoffe, die Frauen, die darauf hereingefallen sind, haben die Sache mit Humor genommen.

Nun ja. Aber gibt es sonst irgendwelche Gesundheitsvorteile?

Bevor ich weiter ins Detail gehe, noch folgende Frage: Kennen Sie den Unterschied zwischen Liebe, wahrer Liebe und Angeberei? Das kommt ganz darauf an, ob man den Samen ausspuckt, herunterschluckt oder damit gurgelt!

Aber gibt es irgendeinen Gesundheitsnutzen?

Die Samenflüssigkeit ist vermutlich auch nicht besser –

oder schlechter – als jedes Durchschnittsgetränk. Nehmen wir mal an, dass ein normaler Samenerguss zwei bis sechs Milliliter beträgt, die zu neun Zehnteln aus Wasser bestehen, das bekanntlich null Kalorien enthält. Wir reden hier also von maximal 0,6 Milliliter Flüssigkeit, die hauptsächlich Zucker (genauer gesagt Fruktose), ein bisschen Fett und ein winziges bisschen Proteine enthält. In diesem Fall hat der durchschnittliche Samenerguss 15 Kalorien.

Aber hat er irgendwelche Gesundheitsvorteile?

Na ja, Krebs kann man nicht damit heilen – nicht einmal eine Erkältung. Aber überlegen Sie doch mal, wie glücklich das den Begünstigten macht, und sagen Sie mir dann, welche Gesundheitsvorteile das bietet.

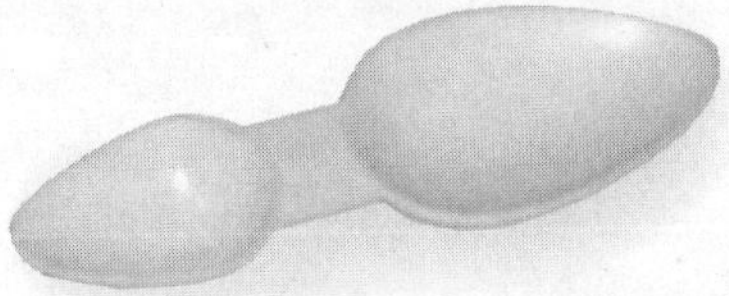

? Wofür stehen eigentlich all diese Abkürzungen?

Wir reden hier über jene Abkürzungen, die man auf Webseiten findet, die Typen wie ich, die solche Bücher schreiben, besuchen müssen. Seiten, auf denen die Damen des horizontalen Gewerbes ihre Dienste anbieten.

Manche davon – wie »AV«, »OV« und »BJ« alias »Analverkehr«, »Oralverkehr« und »Blowjob« sind sehr leicht zu entschlüsseln.

Dafür sind andere mehr als rätselhaft. Zur allgemeinen Erhellung hier also die häufigsten Akronyme, wie es fachsprachlich so schön heißt.

- AHF: Achselhöhlenfick, nicht zu verwechseln mit der Arbeitsgemeinschaft Historischer Forschungseinrichtungen
- AO: Alles ohne Gummi (d. h. Anal-, Vaginal- und Oralverkehr ohne Kondom, mit anderen Worten der totale Wahnsinn für alle Beteiligten, s. auch FN)
- AV: Analverkehr
- Braun-weiß: Spiele mit Kot und Sperma
- DP: Doppelpack (Sex mit zwei Frauen) oder »Double Penetration« (zwei Männer in einer Frau)
- FN: Französisch natur, also ohne Gummi
- Englisch: Erziehungsspiele mit dem Rohrstock (Ja, ja, die Engländer ...)
- FT: Französisch total (blasen ohne Gummi mit Spermaschlucken – nicht gerade das, was man zu Hause so geboten bekommt)
- GR: Griechisch (Analverkehr, s. auch AV)
- LL: Lack und Leder
- NS: Natursekt (NSa: Natursekt aktiv: Man pinkelt den

Partner an; NSp: Natursekt passiv, man lässt sich anpinkeln)

- OS: Ohne-Service (ohne Kondom. Davon ist ebenfalls abzuraten, außer man will mit dem eigenen Immunsystem Russisches Roulette spielen)
- OW: Oberweite (womit da oft geprotzt wird, ist alles andere als oberaffengeil. Ich persönlich plädiere da eher für oberwiderlich ...)
- SM: Sadomaso (SMa heißt Sadomaso aktiv und bedeutet, dass die Frau den aktiven Part übernimmt, während SMp für Sadomaso passiv steht, wo sich die Frau devot gibt)
- ZA: Zungenanal (nicht zu verwechseln mit der ansonsten gebräuchlichen Abkürzung für Zentralarchiv)

? Ist es für einen Sportler wirklich nicht zu empfehlen, vor dem Wettkampf Sex zu haben?

Da sich meine Vorstellung von Sport auf eine Runde Poolbillard im Pub um die Ecke beschränkt, bin ich wenig geeignet, diese Frage zu beantworten.

Früher allerdings, als ich noch Rugby spielte, konnte ich durchaus an dem einen oder anderen Freitagabend Glück in der Liebe haben, ohne dass sich das besonders negativ auf meine sportlichen Leistungen am Samstagnachmittag ausgewirkt hätte. Dafür war ich schon immer so ein schlechter Spieler, dass den Unterschied sowieso niemand bemerkt hätte.

Also rief ich meinen Lieblingsarzt Dr. Roland Powell an. Doch der erzählte mir, dass die Meinungen bei diesem Thema geteilt sind. »Manche sind enthaltsam, weil sie glauben, sich dann am nächsten Tag besser konzentrieren zu können. Andere wiederum glauben, dass ihnen die Entspannung durch Sex guttut. Einige Experten sind der Auffassung, dass sich ein erhöhter Testosteronspiegel günstig auf Kraftsportarten wie Gewichtheben oder Sprinten auswirkt. Aber ob sich der besser durch Sex oder Enthaltsamkeit erreichen lässt, ist noch umstritten.«

Ich habe etwas Feldforschung betrieben und bin zu dem Schluss gekommen, dass es hauptsächlich auf die innere Einstellung ankommt. Solange ein Sportler die für ihn optimale Geisteshaltung einnimmt, kann er auch sein volles Potenzial entfalten. Und wie er das im Einzelnen erreicht, spielt überhaupt keine Rolle.

? Sind manche Nahrungsmittel wirklich Aphrodisiaka?

Es wird Sie sicherlich nicht überraschen, wenn ich Ihnen sage, dass ich zu der Kategorie von Männern gehöre, die so schnell nichts aufhält, wenn sie erst mal richtig in Stimmung sind. Und wer nicht in Stimmung ist – nun, dem ist in der Regel sowieso nicht zu helfen (außer vielleicht mit Rohypnol).

Im Dienst der Forschung konnte ich jedoch folgende sogenannte Aphrodisiaka ausfindig machen:

Austern: Sie enthalten viel Kalzium, Eisen und Vitamin A – was sich alles positiv auf die körperliche Liebe auswirken soll. Im Grunde besitzen alle Schalentiere – vor allem Hummer – aphrodisierende Qualitäten. Aber wenn man zu einem Hummeressen eingeladen wird (oder einlädt), kommt man zwangsläufig in Stimmung!
Sonnenblumenkerne: Die müssen angeblich roh verzehrt werden. Ja, wie denn sonst, frage ich mich?
Kohl: Ich persönlich mag Kohl – vor allem zu Roastbeef. Trotzdem wundert mich, dass er sich genauso positiv auf die Libido auswirken soll wie Karotten und Pastinaken. Wobei bei Letzteren nur die Spitzen verwendet werden.
Tomaten: Dass Salat gesund ist, ist Ihnen bestimmt nicht neu. Gut, in Zukunft dürfen Sie davon gern die doppelte Portion bestellen. Und nicht nur Tomaten können Ihr Liebesleben aufpeppen: Wenn Sie schon mal dabei sind (bzw. kurz davor stehen), versuchen Sie's doch mal mit Avocado, Gurke, grüner Paprika, Wasserkresse und Kopfsalat.
Zitronen: Vielleicht erklärt das auch, warum man in Cocktailbars immer eine Scheibe Zitrone in den Drink bekommt: Es ist der Versuch, den Gast in Stimmung zu bringen. Im Grunde ist der Verzehr von allen Zitrusfrüchten zu emp-

fehlen – und das schließt auch Limetten und Orangen mit ein –, wenn man sich ein gesundes Liebesleben wünscht.

Honig: Dieser einfache Brotaufstrich soll ein gewisses »Gonadotropin-Releasing-Hormon« enthalten, das angeblich die Sexualdrüsen stimuliert.

Knoblauch: Das dürfte uns allerdings vor ein interessantes Dilemma stellen: Wir essen Knoblauch, um in Stimmung zu kommen, doch je mehr wir davon essen, desto unattraktiver werden wir. Dasselbe Problem haben wir bei einem anderen hochwirksamen Aphrodisiakum, nämlich bei Zwiebeln.

Rettich: Hier stellt sich ein ähnliches Problem wie bei Knoblauch und Zwiebeln, wobei außerdem Blähungen auftreten können. Und die sind nun wirklich nicht besonders erotisch.

Betelnuss (wenn man sie kaut): Wenn Sie den Film *Südpazifik* kennen, erinnern Sie sich bestimmt noch an die Bordellbesitzerin Bloody Mary, die »Betelnüsse kaute«.

Erdbeeren: Erdbeeren schmecken deutlich besser als viele der soeben genannten Aphrodisiaka. Außerdem machen sie Lust auf alles.

Diese Liste ließe sich endlos fortführen und gipfelt selbstverständlich in **Schokolade**. Für die Frauen, die ich befragt habe, ist sie nicht nur ein Aphrodisiakum, sondern manchmal auch eine tolle Alternative zum Sex. Und das ist gar nicht mal so erstaunlich, wenn man weiß, dass sie Spuren von Phenylethylamin enthält – derselbe Wirkstoff, den man auch in Gehirnen von Verliebten findet.

Und dann gibt es da noch jede Menge merkwürdige Dinge wie **Schlangenblut, pulverisierte Nashörner** und vieles mehr. Aber seien wir doch mal ehrlich: Ist es die Mühe wirklich wert?

? Ist Treue bei Schwulen kein Thema?

Diese Frage stelle ich deshalb, weil viele schwule Männer, die ich kenne – und das muss man einfach mal so sagen – ziemlich wild herumgehurt haben. Vor allem ein Freund hat mich früher immer morgens in der BBC-Redaktion besucht, um mir zu erzählen, mit wie vielen Männern er in der Nacht zuvor Sex gehabt hätte.

Auf die Frage, warum er so promisk sei, erzählte er mir nur, dass sein Coming-out als Schwuler wesentlich skandalöser gewesen sei, als es das Promisksein je werden könne.

Ich bitte Sie! Das war vor mehr als 25 Jahren. Außerdem war der Mann zum Zeitpunkt seines Coming-Outs verheiratet und hatte Kinder.

Und wie sieht es heute bei den Schwulen aus?

Ein anderer schwuler Freund erklärte mir die Promiskuität bei Schwulen folgendermaßen: »Bei einem Mann und einer Frau – zumindest war das mal so – sagt die Frau meist: ›Nein, heute nicht.‹ Aber bei Schwulen schreien beide Männer: ›Hurra!‹«

Mit anderen Worten: Geht es ihnen einfach nur darum, alles zu vögeln, was zwei Beine hat?

Erklärt das die schwule Untreue?

Wieder einmal wandte ich mich – wenn auch zu seinem großen Bedauern nur theoretisch – an Simon Fanshawe. Der bat mich zunächst, mir alle schwulen Beziehungen vor Augen zu rufen, in denen Treue eine große Rolle spielt. Und hatte damit natürlich vollkommen recht: Ich kenne mindestens drei schwule Paare, die schon seit Jahren zusammen und ein Ausbund an Treue sind.

Trotzdem, begriff Simon, worauf ich hinauswollte?

»Ja, ich weiß genau, worauf du hinauswillst. In kinderlosen Beziehungen herrscht eine ganz andere Dynamik. Hat man

Kinder, gibt es eine Art stille Vereinbarung, an die man sich – zumindest offiziell – hält. Aber in kinderlosen Beziehungen trifft man andere Entscheidungen.«

Simon unterscheidet also nicht zwischen homo- und heterosexuellen Beziehungen, sondern zwischen Paaren mit und ohne Kindern. Das erscheint mir durchaus sinnvoll.

»Ich kenne viele Leute mit einem festen Partner. Trotzdem haben sie unter Umständen noch andere, weniger wichtige oder vielleicht sogar noch wichtigere Beziehungen, die der ersten Beziehung jedoch deutlich untergeordnet sind. Früher war das anders. Es gab einmal eine Zeit, in der sich Schwule als absolut promisk verstanden und dementsprechend lebten.«

»So wie Kinder, die sich plötzlich allein im Süßwarenparadies wiederfinden?«

»Ganz genau. Damals genügte ein Grashalm, um so etwas wie Intimsphäre herzustellen. Doch jetzt, wo wir von weiten Teilen der Gesellschaft akzeptiert werden, benehmen wir uns ähnlich wie Heterosexuelle. Oder sagen wir mal so: Wenn man sich ordentlich mit anderen an einen Tisch setzt, isst man auch anders als allein in der Küche.«

Geht es einfach nur darum, alles zu vögeln, was zwei Beine hat?

? Was war die originellste Liebesgabe aller Zeiten?

Erinnern Sie sich noch an den Strauß Rosen, den Sie zum Valentinstag verschenkt haben?

Nein, der ist hier nicht gemeint.

Und was ist mit der Schachtel Pralinen von der Tankstelle, als Sie sich in letzter Minute doch noch an ihren Geburtstag erinnert haben?

Nein, das auch nicht.

Aber wie wär's mit den im Schritt offenen Spitzenhöschen, bei deren Kauf Sie Ihren ganzen Mut zusammennehmen mussten?

Wieder nein.

Und das liegt nicht nur daran, dass Sie nicht berühmt sind. Selbst wenn Sie sich Ihren rechten Hoden abschneiden würden (wozu ich Ihnen nicht raten möchte), wäre das nicht ansatzweise eine der originellsten Liebesgaben der Geschichte.

Das gilt übrigens auch nicht für das GAP-Kleid, das Bill Clinton Monica Lewinsky geschenkt haben soll (auch wenn er so aufmerksam war, andere Teile ihre Kleidung mit seinem »Autogramm« zu versehen).

Nein, es muss schon etwas wirklich Außergewöhnliches sein.

Wie wär's mit Richard Burton, der Elizabeth Taylor den Krupp-Diamanten und einige andere unglaublich teure Klunker schenkte (und sie außerdem zweimal heiratete)?

Nicht schlecht. Aber knapp daneben ist auch vorbei.

Wir reden hier schließlich nicht über Dinge, die man für Geld kaufen kann. Im Folgenden die originellsten Liebesgaben in aufsteigender Reihenfolge:

Der dritte Platz gebührt dem Großmogul Shah Jahan.

Zum Gedenken an seine Lieblingsfrau ließ er das Taj Mahal errichten.

Der zweite Platz gebührt Kleopatra, die einmal zwei besonders kostbare Perlen in einem Glas Wein auflöste und damit auf Mark Anton anstieß. Im Gegenzug schenkte er ihr Zypern.

Aber der erste Platz gebührt eindeutig Herodes, der Salome den Kopf von Johannes dem Täufer schenkte – nur, weil sie ihn darum gebeten hatte. Ist das nicht romantisch?

Ich persönlich hätte mich vielleicht doch mehr über Pralinen gefreut.

? Wie alt ist zu alt? (Und wenn sich Senioren im Seniorenheim kennenlernen und beschließen zu heiraten – vollziehen sie dann auch wirklich die Ehe?)

Oft ist die Recherche für solche dämlichen Fragen gar nicht so einfach. Sie denken jetzt bestimmt, ich hätte nur ins nächste Seniorenheim gehen und ein paar alte Knacker fragen müssen, ob sie noch …

WIE BITTE??????????

Aber mittlerweile ist es zu spät, den Buchtitel noch zu ändern. In etwas Unverfänglicheres wie *So ringt man Menschenfresser-Krokodile nieder* zum Beispiel. Also biss ich die Zähne zusammen und rief die britische *National Care Association* an, wo man mir zweifellos ebenfalls durch zusammengebissene Zähne mitteilte, dass das eine reine Privatsache der Betroffenen sei.

Vielen Dank auch, darauf wäre ich im Leben nicht gekommen.

Wie alt ist also zu alt?

Wahrscheinlich sollte ich schreiben, dass man dafür nie zu alt ist. Aber das stimmt doch nicht wirklich, oder? Wenn man »darüber hinaus ist«, heißt das doch, dass man nicht mehr kann oder will. Oder aber, was noch wahrscheinlicher ist, dass man keinen geeigneten Partner mehr findet.

Als Mann, der zügig auf die fünfzig zugeht, interessiere ich mich für solche Themen.

Und so nahm ich meinen ganzen Mut zusammen und rief eine Freundin aus dem Bridge-Club an. Sie ist mittlerweile auch schon über siebzig und engagiert sich ehrenamtlich sehr für alte Menschen. Zu meiner Erleichterung war sie kein bisschen schockiert. Stattdessen kicherte sie nur und meinte, sie würde doch stark bezweifeln, dass einer »ihrer« Senioren noch »in den Genuss von Sex« käme.

Ich wies sie darauf hin, dass es mir weniger um den Genuss ginge, sondern darum, ob sie überhaupt noch Sex hatten.

Sie kicherte erneut und schüttelte den Kopf. »Ein paar Leute vielleicht schon. Aber wenn man erst mal Ende siebzig oder um die achtzig ist, beschränken sich die Intimitäten doch eher aufs Kuscheln und solche Sachen.«

Nun, ich recherchierte ein wenig und kann jetzt aufwarten mit einer kleinen Liste von Leuten, die auch in ihren Siebzigern und später noch sexuell aktiv waren:

H. G. Wells, Mao Tse-Tung, Bertrand Russell, Victor Hugo, Brigham Young, Benjamin Franklin, Leopold Stokowski, Johann Wolfgang von Goethe (der mit über siebzig noch um eine 19-Jährige warb), Colette, Leo Tolstoi, Sarah Bernhardt, W. Somerset Maugham, Franz Liszt und König Ludwig XIV.

Und um diese Angaben (das kann ja jeder behaupten!) zu ergänzen, fand ich heraus, welcher Mann über sechzig noch Kinder zeugte:

Cary Grant (62), Clint Eastwood (63), Marlon Brando (65), Harvey Keitel (65), James Brown (67), Yves Montand (67), Pablo Picasso (68), Francisco de Goya (68), Charlie Chaplin (73), James Doohan (80), Anthony Quinn (81), Saul Bellow (84).

Ich sollte vielleicht noch erwähnen, dass die jeweiligen Partnerinnen deutlich jünger waren.

? Wie jung ist zu jung?

Ich würde sagen, unter 16 – und das ist in Großbritannien zufällig das Alter, ab dem einvernehmlicher Sex erlaubt ist. Komm schon, Mitch, bist du dir da wirklich sicher? Mädchen werden doch heute viel früher reif als damals, als man diese Altersgrenze festlegte: Spricht das nicht dafür, diese zu ändern?

Na gut, sagen wir 18.

Und das meine ich vollkommen ernst. Um das zu erklären, beende ich meine Selbstgespräche und befasse mich ernsthaft mit dieser Frage. Mir ist durchaus bewusst, dass sich die Körper von Mädchen – und übrigens auch von Jungen – heutzutage schneller entwickeln als noch vor einigen Jahrzehnten. Aber das heißt noch lange nicht, dass ihre emotionale und intellektuelle Entwicklung damit Schritt hält.

Für mich spricht vieles dafür, dass die Altersgrenze für legalen, einvernehmlichen Sex bei 18 Jahren liegen sollte – allein schon, um junge Leute vor wesentlich älteren Lüstlingen zu schützen. Gesetze sollten sich am gesunden Menschenverstand orientieren. Die Gesellschaft kann zwei Siebzehnjährige – und zwar unabhängig von ihrer sexuellen Orientierung – sowieso nicht davon abhalten, es miteinander zu treiben, und sollte es auch nicht. Sogar zwei Fünfzehnjährige sollten nicht unbedingt an etwas gehindert werden, das eigentlich ganz natürlich ist. (Obwohl ein bisschen Sexualkunde und mehr Verantwortungsbewusstsein auf Seiten der Eltern bestimmt nicht schaden können).

Trotzdem sollte eine behütet aufgewachsene, unschuldige und unreife Siebzehnjährige vor einer besonders lüsternen 45-jährigen Person (egal welchen Geschlechts) geschützt werden. Und in so einem Fall sollten meiner Meinung nach auch entsprechende Gesetze greifen.

Damit will ich nicht sagen, dass Menschen nur ab einem willkürlich festgelegten Alter sexuell attraktiv sein können: Ich sage nur, dass sie bis zu einem gewissen Alter geschützt werden sollten. In einer Zeit, in der junge Mädchen ihre aufblühende Sexualität offen zur Schau stellen – wozu sie von ihren Eltern, die es eigentlich besser wissen müssten, oft noch ermuntert werden –, können wir Kerle einiges durcheinanderbringen (vor allem, wenn sich zwanzig- bis dreißigjährige Frauen gleichzeitig als junge Mädchen ausgeben). Solche Mädchen können durchaus sexy sein, zumindest auf den ersten Blick, und man darf sie gern auch als sexy wahrnehmen. Aber weiter sollte man als verantwortungsbewusster Erwachsener eben auch nicht gehen.

Gesetze müssen Grenzen setzen. Ob uns das gefällt oder nicht: Mit 18 ist man nun mal volljährig und damit erwachsen. Deshalb finde ich es sinnvoll, diese Altersgrenze auf alle irgendwie erwachsenen Handlungen auszuweiten (und zwar auch auf das Rauchen und den Kauf von Lotterielosen, jawoll!). Und was könnte erwachsener sein als Sex?

Andererseits weiß ich auch, dass ich mit dieser Haltung nur unsere heutigen Wertvorstellungen widerspiegele. Denken Sie nur an all die historischen Persönlichkeiten, die Sex mit (nach heutigen Kriterien) minderjährigen Mädchen hatten: Paul Gauguin (der zu verschiedenen Zeitpunkten in seinem Leben drei 14-jährige Mädchen heiratete), Sir Charles Chaplin (dessen Motto lautete: »Je jünger, desto besser«), Samuel Pepys, John Barrymore, Howard Hughes, der Marquis de Sade, Errol Flynn und Fjodor Dostojewski. Oder denken Sie an Lewis Carroll (der zwar nicht wirklich was mit jungen Mädchen hatte, sich aber auffällig für sie interessierte), an John Ruskin (der mit vierzig einer Neunjährigen verfiel) und an Emile Zola (der sich als Mann mittlerer Alters in Fantasien über vorpubertäre Mädchen erging).

? Warum steht ein rotes Licht für Prostitution?

Diese Praxis geht auf das Ende des 19. Jahrhunderts zurück und stammt aus den USA. Dort stellten die Prostituierten eine rote Laterne in ihr Fenster, um potenzielle Kunden anzulocken.

Aber warum?

Dazu gibt es zwei Theorien, die beide zutreffen können. Die erste verweist auf das Alte Testament (ach, deshalb heißt es auch »das älteste Gewerbe der Welt«!): Als Josua versuchte, Jericho zu erobern, wurde er von der Prostituierten Rahab unterstützt, die ihr Haus mithilfe eines roten Kleids kennzeichnete. Das war natürlich, bevor die Stadtmauern zum Einsturz gebracht wurden.

Die zweite Theorie besagt, dass der Brauch auf die roten Laternen zurückgeht, die Gleisarbeiter mit sich führten und dann vor den von ihnen besuchten Bordellen stehen ließen.

Trotzdem misstraue ich beiden Erklärungsversuchen (auch wenn sie sicherlich durch historische Fakten gestützt werden). Die Bibellegende liegt zu weit zurück, um einen (relativ) neuen Brauch erklären zu können. Und die Gleisarbeiter-Laternen ergeben für mich keinen Sinn, weil die rote Laterne dann bedeutet hätte, dass die Prostituierte *nicht mehr* zur Verfügung stand.

Ich glaube eher, dass ein oder zwei Damen des horizontalen Gewerbes beschlossen, *»to put on the red light«*, um *Sting* zu zitieren, und ihren Kunden auf diese Weise mitteilten, dass sie »im Dienst« seien. Ein Brauch, der schließlich Schule machte.

Und warum rot? Weil das die Farbe ist, die überall auf der Welt für Leidenschaft und Sex steht.

? Stimmt es, dass der Vatikan die größte Pornographiesammlung der Welt besitzt?

Als ich Freunden von diesem Buch erzählte, bat ich sie, ebenfalls Fragen zum Thema beizusteuern. Diese hier stammt von Clive (danke, Kumpel) und kam für mich vollkommen überraschend.

Das kann doch nicht wahr sein, oder?

Doch mein Misstrauen war geweckt, und so klemmte ich mich dahinter.

Leider kann ich diesen Verdacht nicht bestätigen, obwohl ich es mir so sehr gewünscht hatte!

Trotzdem hatte Clive nicht ganz unrecht mit seiner Frage, denn es rankt sich eine Art Großstadtlegende um den Vatikan und Pornographie.

Wie sich herausstellte, geht sie auf eine Bemerkung des bekannten Sexualforschers Alfred Kinsey zurück. Der hat seinen Studenten anscheinend erzählt, dass er die größte Pornographiesammlung überhaupt besäße – nach dem Vatikan.

Das war allerdings nur ein WITZ. Aber wie so oft im Leben verbreitete sich dieses Gerücht wie ein Lauffeuer, vor allem in den letzten Jahren, und zwar – Sie haben es sicherlich geahnt – dank des Internets.

Aber jetzt raten Sie mal, wer die größte Pornographiesammlung der Welt wirklich besitzt …

Genau – das *Kinsey Institute* in Bloomington, Indiana.

? Bei einem flotten Dreier – gibt es da irgendwelche Regeln, wem man sich wann widmen muss?

»Ich finde, Sex ist eine wunderbare Sache zwischen zwei Menschen – zwischen fünf ist es einfach fantastisch ...«

Woody Allen

Trotz ernst gemeinter Bitten eines Mädchens, mit dem ich mit Anfang zwanzig zusammen war, habe ich die sogenannten Freuden eines flotten Dreiers nie kennengelernt. Heute, wo ich glücklich verheiratet bin, kann ich froh sein, an einem flotten Zweier teilnehmen zu dürfen. Und in ein paar Jahren bin ich wahrscheinlich entzückt, wenn ich es noch auf einen flotten Einer bringe. So ist das Leben.

Doch andere haben da mehr Glück.

Die folgenden Personen haben alle an flotten Dreiern teilgenommen: George Gershwin, Jack Johnson, Honoré de Balzac, Lytton Strachey (mit Dora Carrington und einem Mann) und Janis Joplin (mit einem Mann und einer Frau).

Folgende extrem beneidenswerte Leute fanden sich in einem flotten Vierer wieder (in manchen Fällen waren sogar noch mehr Personen beteiligt): Norman Mailer, Clara Bow, Sir Richard Burton (passenderweise der Afrikaforscher und nicht der Schauspieler), Lord Byron, Casanova, Katharina die Große, Kleopatra, Alexandre Dumas senior, Errol Flynn, Paul Gauguin, Janis Joplin, Edmund Kean, John F. Kennedy, Guy de Maupassant, Elvis Presley, Gregorij Rasputin, Babe Ruth, Marquis de Sade, Dudley Moore, John Barrymore und Jimi Hendrix.

Doch leider sind alle oben Erwähnten mittlerweile verstorben.

Höchste Zeit also, Rick, den Erotomanen, anzurufen.

»Natürlich war ich schon bei flotten Dreiern dabei«, sagte er mit beneidenswerter Gelassenheit. »Wer eigentlich nicht?«

»Na ja …«

»Wahrscheinlich jeder außer dir, Mitch.«

»Moment mal!«

»Nein, das war natürlich nur Spaß! Flotte Dreier können toll sein, aber auch entsetzlich nerven – genau wie normaler Sex. Aber wenn es funktioniert, gibt es nichts Besseres als einen flotten Dreier. Und wenn nicht, ist es wirklich das Letzte. Vor allem, wenn man betrunken ist – was jedoch oft die Grundvoraussetzung für einen flotten Dreier ist. Die besten sind geplant, und die beste Zusammensetzung besteht aus zwei Männern und einer Frau.«

»Das soll wohl ein Witz sein? Du bist doch gar nicht schwul!«

»Wieso sollte ich? Jetzt stell dich bitte nicht so an! Eine Frau kann eben unzählige Male kommen und verfügt über drei Körperöffnungen. Du kannst es dir selbst ausrechnen.«

»Ich weiß, was du meinst, aber für einen Mann muss es doch viel toller sein, zwei Frauen auf einmal haben zu können, oder?«

»Meine Güte, bist du spießig!«

Ich ignorierte ihn. »Und woher weißt du dann, wem du dich wann widmen musst? Gibt es da eine Art Etikette oder so was?

»Wen interessiert das schon?«

»Komm schon, Rick!«

»Na gut. Wenn deine Freundin den flotten Dreier organisiert hat, solltest du dich vielleicht nicht gerade hauptsächlich ihrer Freundin widmen. Vor allem wenn ihre Freundin hübscher ist als sie. Achte darauf, dich um beide zu kümmern – auch wenn du so aussiehst, als ob du Mühe hättest, dich um eine zu kümmern. Wenn du mit zwei Frauen zusammen bist, gib ihnen bloß keine Anweisungen – du bist schließlich kein Regisseur oder so was –, und erzähl ihnen auch nichts von deinen erotischen Fantasien. Außer, sie fragen dich danach. Du darfst vor allem *niemanden* diskriminieren!«

»Wie meinst du das?«

»Zum Beispiel, indem du die eine oral befriedigst und die andere nicht – nur, weil du nicht so auf sie stehst.«

Danke, ich werd's mir merken. Für … für … für mein Leben nach dem Tod.

? Gibt es Länder, in denen Schwule nicht automatisch vom Militär ausgeschlossen werden?

Bevor ich diese Frage beantworte, möchte ich ein für alle Mal klarstellen, dass es im Lauf der Geschichte schon immer Schwule – ja, sogar Lesben – gegeben hat, die mit Auszeichnung beim Militär gedient haben.

In beiden Weltkriegen und in den Kriegen und Konflikten danach sind viele homosexuelle Männer in aktiven Einsätzen umgekommen.

T. E. Lawrence (von Arabien), Alexander der Große, König Richard I. (König Löwenherz), Julius Cäsar und Pompeius waren alle schwul oder bisexuell – wie wir heute sagen würden. Und niemand hat ihre Tapferkeit und Kampfbereitschaft je ernsthaft infrage gestellt.

Obwohl die Homosexualität von Seiten des Verteidigungsministeriums stets mit Misstrauen beäugt wurde (weshalb es in der Regel ausreichte, sich offen homosexuell zu geben, um unehrenhaft aus der Armee entlassen zu werden), war man bei den Bodentruppen – auf dem Feld und bei der Marine – weniger zimperlich.

Wie mir ein befreundeter Soldat erklärte, »schließt man als Soldat zwangsläufig Freundschaften mit anderen Soldaten. Das können sehr tiefe Freundschaften sein. Im Grunde hängt die ganze Armee von Männern ab, die drei bis vier Kumpel haben, die sich umeinander kümmern. Im Krieg – wenn also Leute dazustoßen, die keine Berufssoldaten sind – können diese Beziehungen auch sexuelle oder quasisexuelle Züge annehmen. Für den Zweiten Weltkrieg gilt das auf jeden Fall. Damals gab es Paare, die ihre Homosexuali-

tät offen ausgelebt haben. Doch in der Regel lautet die Doktrin: ›*Don't ask, don't tell*‹ oder ›Was ich nicht weiß, macht mich nicht heiß.‹«

»Das hat Clinton gesagt, oder?«

»Ja. Ein anderer Satz aus dieser Zeit lautet: ›Soldaten wollen nicht mit Männern duschen, die mit Soldaten duschen wollen.‹ Doch in Wirklichkeit sind Soldaten in mancher Hinsicht wesentlich toleranter als die Zivilbevölkerung. Wenn jemand beliebt ist und respektiert wird, hat er nicht unter Vorurteilen zu leiden, nur weil er schwul ist.«

Und was die Marine betrifft: Die ist laut Churchill nicht umsonst auf »Rum, Sodomie und die Peitsche« gebaut.

Weitere Recherchen haben ergeben, dass es Schwulen wie Lesben in Österreich, Australien, Belgien, Kanada, Dänemark, Frankreich, Deutschland, Irland, Israel, Japan, den Niederlanden, Norwegen, Spanien, Schweden, Großbritannien, Tschechien und Lettland ganz normal erlaubt ist, in der Armee zu dienen.

Ungarn, die Türkei, Griechenland und Italien schließen Homosexuelle ausdrücklich vom Militär aus. In Russland und den früheren Staaten der Sowjetunion ist die Situation dagegen weniger eindeutig. Seit 2003 sind »angepasste« Schwule und Lesben auch in der russischen Armee zugelassen (wobei das wohl eher etwas mit Rekrutierungsproblemen zu tun hat als mit einer gewandelten Einstellung dieser sexuellen Orientierung gegenüber). Die Leitlinien anderer westlicher Länder – einschließlich der USA – tendieren zum soeben genannten *»Don't ask, don't tell.«*

Drittweltländer – vor allem Afrika – halten von Homosexuellen beim Militär genauso wenig wie von Homosexuellen im Zivilleben.

? Heilt Sex Akne? Oder ist es Zufall, dass Jungs ihre Pickel verlieren, wenn sie auch ihre Jungfräulichkeit verlieren?

Von diesem Gerücht hatte ich ehrlich gesagt noch nie etwas gehört – nicht mal in der Pubertät. Aber dafür hatte ich auch das Glück, von Akne verschont zu bleiben (ganz im Gegensatz zu Dustin Hoffman, Sienna Guillory, Jennifer Capriati, Jack Nicholson, Ricky Martin, Mike Myers und Sir Derek Jacobi, die als Jugendliche regelmäßig von Eiterbeulen heimgesucht wurden).

Im Gegenteil: Derjenige aus meinem Bekanntenkreis, der es als Erster schaffte, seine Süße flachzulegen, hatte die schlimmste Akne von uns allen – sogar noch, nachdem er es sechsmal mit ihr »gemacht« hatte! (Er hielt uns nämlich ständig auf dem Laufenden und versäumte es nicht, uns mitzuteilen, dass man kein Mann sei, wenn man es nicht mindestens sechsmal gemacht hat – was höchst praktisch für ihn war.)

Jemand, der es besser wissen muss als ich, ist mein alter Kumpel (bzw. mein alter Bekannter) Dr. Roland Powell. Doch als ich ihn fragte, ob man mit Sex Akne heilen könne, war er nicht so nachsichtig wie sonst.

»Nein«, sagte er relativ gereizt, »Vaginalverkehr bringt keine Akne zum Abheilen.«

Aha. Verstehe. Das war's dann wohl. Vielleicht sollte ich den Rest des Buches mit Ja-/Nein-Fragen bestücken. Das würde mir viel Zeit ersparen, könnte sich allerdings relativ langweilig lesen.

Also, lieber Herr Doktor, könnte es sich hier um einen klassischen Fehlschluss handeln? Vielleicht weil Jungen ihre Pickel ungefähr im selben Alter verlieren, in dem sie auch ihre Jungfräulichkeit verlieren, ohne dass beides in irgendeinem Zusammenhang steht?

»Ich weiß sehr wohl, was ein Fehlschluss ist, vielen Dank auch«, entgegnete er, immer noch recht gereizt. »Das kann durchaus sein. Fest steht jedoch, dass Akne eine weit verbreitete Begleiterscheinung der Pubertät ist – normalerweise Gesichtsakne …«

Wie kann die Natur nur so grausam sein?

»Und fest steht auch, dass Akne durch einen erhöhten Testosteronspiegel verursacht wird, also durch ein männliches Hormon. Diese sogenannten Androgene sind mit dafür verantwortlich, dass die Fett- oder Sebumproduktion in den Sebumdrüsen der Haut angeregt wird. Werden diese von Bakterien befallen, entsteht Akne. Sind diese Hormonveränderungen mit Ende der Pubertät abgeschlossen, endet auch die Akne. Normalerweise wenigstens. Das geschieht in etwa im Alter zwischen 16 und 18 Jahren.«

»Mit anderen Worten: Genau in dem Alter, in dem die meisten Menschen zum ersten Mal Sex haben.«

»Richtig. Hinzu kommt, dass ein pickeliger Junge wahrscheinlich nicht sehr attraktiv auf Mädchen wirkt und deshalb warten muss, bevor er seine ersten sexuellen Erfahrungen machen kann. Demselben Fehlschluss unterliegen auch Mädchen, die glauben, ihre Akne heilen zu können, indem sie die Pille nehmen. In Einzelfällen mag das zwar zutreffen, aber in Wahrheit fallen die erste Pilleneinnahme und das Abheilen der Akne einfach nur in ein- und denselben Zeitraum.«

? Können auch Männer einen Orgasmus vortäuschen?

Diese Frage ist gar nicht so leicht zu beantworten. Doch anders als beim weiblichen Orgasmus, für den es keinerlei Tatsachenbeweise gibt (oder zumindest nicht geben muss), ist das beim männlichen Orgasmus durchaus der Fall.

Das Dumme an der Frage ist nur, dass ich gezwungen bin, mehr von mir preiszugeben, als ich es normalerweise tun würde. Denn wie kann ich guten Gewissens einen Fachmann konsultieren, wenn ich aus persönlicher Erfahrung weiß, dass die Antwort Ja lautet.

Sie kennen die Probleme, die manche Männer mit einem vorzeitigen Samenerguss haben? Nun, ich litt lange am genauen Gegenteil. Manchmal dauerte es ewig, bis ich zum Höhepunkt kam, und wenn ich dachte, ich würde es nie mehr schaffen, täuschte ich eben einen Orgasmus vor.

»Du bist gar nicht gekommen«, sagte ein Mädchen, als ich meine Bemühungen einstellte.

»Doch.«

»Das ist aber komisch, ich habe überhaupt nichts gespürt …«

Und jetzt stellen Sie sich bitte einen höchst peinlich berührten Teenager vor.

An diesem Punkt sollte ich vielleicht erwähnen, dass ich von einer Zeit spreche, in der die Pille schon erfunden war, es aber noch kein AIDS gab. Das machte den Gebrauch von Kondomen so gut wie überflüssig. Verhüten bedeutete damals für den Mann, einfach nur zu sagen: »Du nimmst doch die Pille, oder?«

Deshalb konnten die Mädchen auch nicht wirklich beurteilen, ob ihr Partner zum Höhepunkt gekommen war oder nicht.

Hätte ich ein Kondom benutzt, wären mir solche Täuschungsmanöver wesentlich schwerer gefallen. Aber damals war das Wort Kondom noch ein Fremdwort für uns, genauso wie es »unsafe sex« für die Generation meines Sohnes ist. Zumindest hoffe ich das.

Mit Anfang zwanzig wurde mir klar, dass ich ein Problem hatte, das hauptsächlich meiner Nervosität und – so komisch das für meine damaligen Partnerinnen auch klingen mag – meiner Unfähigkeit geschuldet war, mich auf mein eigenes Vergnügen zu konzentrieren. Mit anderen Worten: Ich war jedem Mädchen, das mir erlaubte, auf ihm Liegestützen zu machen, so was von dankbar, dass ich mich nur noch darauf konzentrierte, es ihm so angenehm wie möglich zu machen. Ich erinnere mich noch an ein Mädchen, dem ich … äh … doch tatsächlich acht Orgasmen bescherte. Jetzt weiß ich wieder, warum es mich danach noch jahrelang verfolgt hat!

Zum Glück – wenigstens für mich, wenn auch nicht unbedingt für meine Partnerinnen – lernte ich irgendwann doch noch, sowohl beim Solosex als auch beim Sex mit anderen zum Orgasmus zu kommen. Mit anderen Worten: Ich konnte meine mir antrainierten Fähigkeiten auch noch unter Beweis stellen, wenn's wirklich drauf ankam.

Um diese Frage abschließend zu beantworten, würde ich aus meiner – zwangsläufig beschränkten – Erfahrung heraus sagen, dass Männer durchaus einen Orgasmus vortäuschen können. Nicht aber den Tatsachenbeweis dafür …

? Kann ein Mann von einer Frau vergewaltigt werden?

Es gibt da ein altes Sprichwort, und das geht so: »Ein erigierter Penis kennt keine Moral.« Aber hat er auch die Wahl? Das ist hier die Frage.

Heute, wo es Viagra gibt, kann ein Mann eine Erektion haben, von der eine Frau ohne sein Einverständnis Gebrauch machen kann (vorausgesetzt, sie schafft es, ihn zu bändigen bzw. den Rest seines Körpers).

Und das wäre dann ein klarer Fall von Vergewaltigung.

Früher war es für eine Frau wesentlich schwieriger, einen Mann zu vergewaltigen.

Es gibt ein paar vereinzelte Berichte – und Großstadtlegenden – über junge Männer, die von attraktiven Mädchen zum Erigieren gebracht wurden. Daraufhin hat man ihnen eine Abschnürbinde um den Penis geschlungen, welcher dann von älteren, hässlicheren Frauen zum Geschlechtsverkehr benutzt wurde.

Solche Vorfälle ereignen sich besonders gern in Fabriken von irgendwelchen rückständigen Ländern. Es handelt sich um Initiationsriten oder Bestrafungsaktionen für unzüchtiges Benehmen, die allerdings getrost ins Reich der Legenden verwiesen werden dürfen.

Wesentlich verbreiteter – und tatsächlich wahr – sind Fälle, in denen Frauen Männer unter Drogen gesetzt, erpresst und/oder zu nicht einvernehmlichem Sex gezwungen haben.

Bislang galt es jedoch nie als sehr plausibel, dass eine Frau einen Mann vergewaltigt. Denn selbst, wenn sie ihn mit einer Waffe bedroht, wäre er wohl kaum fähig, sie zu penetrieren. Außer er hat eine Erektion – mit anderen Worten: Kann sein, dass er keinen einvernehmlichen Sex hatte, aber sein Penis schon.

In meinen Augen ist das jedoch ein ziemlich fadenscheiniges Argument.

Würden Sie sagen, dass eine Frau, die mit einer Waffe bedroht wird, nicht vergewaltigt wird, wenn sie vor Aufregung feucht wurde?

Natürlich nicht. Es geht schließlich darum, ob sie vorher eingewilligt hat oder nicht.

Egal, wie extrem eine Verführung auch aussehen mag – es gibt immer einen deutlichen Unterschied zwischen Verführung und Gewaltausübung.

Kein Fall kann das besser illustrieren als der von Joyce McKinney.

McKinney war eine frühere Miss Wyoming, die Mormonin wurde und eine Beziehung mit einem jungen Missionar namens Kirk Anderson einging. Als er die Beziehung beendete, stalkte sie ihn. Im Jahr 1977 zog er nach London, aber ein Privatdetektiv brachte McKinney auf seine Spur. Mithilfe von Keith May, der ihr seinerseits verfallen war, entführte sie Anderson und verschleppte ihn in ein Cottage, wo er drei Tage lang festgehalten wurde.

McKinney und May hatten Andersons Arme und Beine so mit Lederbändern, Vorhängeschlössern, Seilen und Ketten gefesselt, dass Anderson mit ausgestreckten Gliedmaßen auf dem Bett lag. May verließ das Zimmer, und dann, so Anderson, »hat mir McKinney den Pyjama vom Leib gerissen. Die Fesseln saßen sehr eng, und ich konnte mich nicht bewegen. Anschließend hatte sie Verkehr mit mir, aber gegen meinen Willen. Ich war sehr aufgeregt.«

Worauf McKinney nur entgegnete: »Kirk muss gefesselt werden, um zum Orgasmus zu kommen. Ich habe mitgemacht, weil ich ihn liebte und ihm helfen wollte. Sexuelle Fesselspiele machen ihn scharf, denn dann braucht er sich nicht schuldig zu fühlen. Der Gedanke, einer Frau hilflos ausgeliefert zu sein, scheint ihn zu erregen. Er hat mich nicht gezwungen, ihn oral zu befriedigen … ich habe es auf seine Bitten hin getan, weil ihm das Spaß macht.«

Und dann sagte sie jenen Satz, der Kabarettisten und Komiker noch lange beschäftigen sollte: »Ich liebte Kirk derart, dass ich den Mount Everest auf Skiern heruntergefahren wäre, und zwar nackt, mit einer Nelke in der Nase.«

McKinney wurde wegen Freiheitsberaubung angeklagt. Denn dass eine Frau einen Mann vergewaltigen kann, galt damals als Ding der Unmöglichkeit. Sie kam auf Kaution frei, mit der Auflage, zur Verhandlung zu erscheinen, die für den darauf folgenden Mai anberaumt worden war.

Und jetzt raten Sie mal, was passiert ist! Sie ist dort nie aufgetaucht und wurde in ihrer Abwesenheit zu einem Jahr Gefängnis verurteilt.

Aber nicht wegen Vergewaltigung.

Ich kann mich noch gut an den Fall erinnern. Damals war ich genauso alt wie Kirk Anderson und amüsierte mich prächtig. Ehrlich gesagt erregte es mich sogar ein bisschen, mir vorzustellen, wie ein Mann von einer nicht gerade unattraktiven Frau (wenn ich mich recht erinnere, hatte sie ein niedliches Stupsnäschen) zum Sex gezwungen wird.

Aber das war damals, und heute ist heute.

Heute wissen wir es besser.

Oder etwa nicht?

? Stimmt es, dass Eskimomänner ihre Frauen an Fremde ausleihen?

Kennen Sie dieses Gerücht? Ich kannte es und muss sagen, dass ich die damit verbundenen Fantasien immer sehr genossen habe. Bis, na ja, bis ich ein paar Fotos von Eskimo- oder Inuitfrauen (wie wir sie heute nennen sollen) gesehen habe.

Der Mensch passt sich ja angeblich an seine Umgebung an. Das bedeutet, dass Völker, die in der Sahara leben, lang und dünn sind, und Völker, die in und um den Schnee herum leben, klein und dick.

Mein Frauentyp sieht leider anders aus.

Aber deshalb kann das Gerücht trotzdem wahr sein – zumal die Eskimos für ihre Gastfreundschaft berühmt sind. Außerdem ist es verdammt kalt in der Arktis.

Wieder einmal wandte ich mich an meine allerliebste – um nicht zu sagen einzige – Sozialanthropolgin Dr. Lorraine Mackintosh.

»Es tut mir sehr leid, Sie enttäuschen zu müssen, Mitch, aber das stimmt so nicht.«

»So nicht? Aber irgendwas ist doch dran, oder?«

»Nun ja, auch wenn das Wort Eskimo eher ein Sammelbegriff für mehrere Völker ist, die hoch im Norden leben, hatten diese schon immer etwas eigenwillige Ehevereinbarungen. Sie praktizierten beispielsweise den sogenannten ›Brauttausch‹ …«

»So etwas wie Partnertausch?«

»So ähnlich, nur dass das Ganze normalerweise im Rahmen einer religiösen Zeremonie stattfand. Und manchmal gingen diese Vereinbarungen sogar noch weiter und führten zu einer Art Koehe, durch die mehrere Familien miteinander verbunden wurden.«

»Und hat man die Frauen auch an Fremde ausgeliehen?«

»Nur sehr selten, und heute passiert das ganz bestimmt nicht mehr. Ich glaube, ein dänischer Forscher namens Mikkelsen hat einmal geschrieben, man habe ihm eine Eskimofrau angeboten. Aber wahrscheinlich auch nur wegen der Kälte. Trotzdem hat sein Bericht diese Legende ausgelöst. Hinzu kamen die für uns ungewöhnlichen Ehevereinbarungen der Eskimos und ihre außergewöhnliche Gastfreundschaft.«

? Gibt es den G-Punkt wirklich?

Auch wenn ich alt genug bin, um mich noch gut an die Aufregung über die »Entdeckung« des G-Punkts zu erinnern, habe ich schon genügend Schwierigkeiten damit, mir die Klitoris zu merken – geschweige denn noch eine vollkommen neue erogene Zone.

Tja, so ein Liebhaber bin ich eben.

Aber nach all dem Theater, das in den 1980er-Jahren darum veranstaltet wurde: Hat denn der G-Punkt überhaupt jemals existiert?

Um diese Frage beantworten zu können, müssen wir auf seinen Namensgeber, den Gynäkologen Dr. Ernst Gräfenberg, zurückkommen, der 1950 einen Artikel über die Empfindsamkeit der vorderen Vaginalwand verfasste.

Und dort befindet sich anscheinend auch der G-Punkt (der nach Dr. G. benannt ist und in dem Buch *The G-Spot and Other Recent Discoveries About Human Sexuality* 1982 erstmals genannt wurde).

Es soll sich dabei um eine sexuell empfindsame kleine Region in der vorderen Vaginalwand handeln, die etwa fünf Zentimeter hinter der Scheidenöffnung unweit von Blase und Harnröhre liegt.

Die »Entdeckung« dieses Punktes löste eine Art vaginalen Goldrausch aus, bei dem die Frauen der westlichen Welt ihre Schulterpolster abschüttelten und – teilweise auch mithilfe ihrer Männer – diesen magischen Knopf zu entdecken begannen.

Manche waren erfolgreich, andere nicht. Und Letztere konnten einfach nicht begreifen, was das ganze Theater eigentlich sollte.

Auch die Wissenschaft war geteilter Meinung. Einige Forscher behaupteten, der G-Punkt sei der Schlüssel zur weiblichen Ejakulation und beweise, dass Freud doch recht gehabt hätte mit seiner Unterscheidung des vaginalen und klitoralen Orgasmus. Andere konnten das nicht nachvollziehen und wiesen auf das Nichtvorhandensein der dafür notwendigen Nervenenden hin.

Interessanterweise betonte Gräfenberg zwar, wie bedeutend dieser Bereich sei, der einmal seinen Namen tragen sollte, sagte aber auch: »Es gibt keine Stelle am weiblichen Körper, über die man kein Sexualverlangen auslösen kann. Unzählige erogene Punkte, die zur sexuellen Befriedigung führen, sind über den gesamten Körper verteilt. Davon gibt es so viele, dass man beinahe sagen könnte, dass kein Teil des weiblichen Körpers *nicht* sexuell reagiert: Der Partner muss die erogenen Zonen nur noch finden.«

Bitte sehr. Für Frauen, die ihren G-Punkt gefunden haben, existiert er natürlich. Und für die anderen existiert er eben nicht.

? Sind Gynäkologen bessere Liebhaber?

Während ich mich an die Beantwortung dieser Frage mache, fällt mir die heimliche Überzeugung auf, dass Gynäkologen immer Männer sind.

In der Tat sind sechs von sieben Gynäkologen Männer – ein eindeutiger Männerberuf also –, aber eben nur sechs von sieben.

Doch Spaß beiseite, gehen wir mal davon aus, dass sich die Frage nur auf männliche Gynäkologen bezieht.

Ich kenne keine Gynäkologen und leider auch niemanden, der mit einem verheiratet ist. Zum Glück kennt meine Frau zwei Frauen, die mit Gynäkologen verheiratet sind oder es zumindest waren. Eine ist mit einem Gynäkologen mit eigener Praxis verheiratet, der ein begnadeter Diagnostiker sein soll – vor allem bei ihren drei Schwangerschaften –, aber leider nicht besonders einfühlsam, wenn es um Routineuntersuchungen geht. »Ist er ein guter Liebhaber?«, fragte meine Frau. Angeblich ja.

Die andere Frau ist mittlerweile geschieden und erzählte, ihr Ex sei ein lausiger Liebhaber – auch schon, als sie noch frisch verliebt waren.

Was schließen wir daraus? Dass Gynäkologen bessere oder schlechtere Liebhaber sind?

Weder noch.

Alles, was wir daraus schließen können, ist, dass eine glücklich verheiratete Frau sagt, ihr Mann sei ein guter Liebhaber (ob das nun stimmt oder nicht). Und dass eine glücklich geschiedene Frau behauptet, ihr Ex sei ein schlechter Liebhaber (ob das nun stimmt oder nicht).

C'est la vie.

Was man allerdings mit einiger Sicherheit sagen kann, ist, dass Gynäkologen im Gegensatz zu ihren sonstigen Geschlechtsgenossen bessere Anatomiekenntnisse vorweisen können. Ob sie das auch zu besseren Liebhabern macht, ist eine andere Frage, aber zumindest wissen sie, was sie da tun (sei es nun gut oder schlecht) bzw. was sie tun müssten.

Eine neuere Umfrage hat allerdings ergeben, dass immerhin ein Drittel der amerikanischen Gynäkologen meint, dass sich die Arbeit negativ auf ihr Liebesleben auswirkt. Ein britischer Gynäkologe dagegen wurde in der Zeitung wie folgt zitiert: »Während eines ganz normalen Arbeitstags sieht man so viele Vaginen, dass man zu Hause einfach keine mehr sehen kann. Ich glaube, da geht es uns ähnlich wie Pornostars.«

Äh, nicht ganz, Kumpel – aber wir verstehen, was du meinst.

Dafür fällt mir noch eine andere Frage ein, auf die es keine Antwort gibt: Warum verlassen Gynäkologen eigentlich den Raum, wenn sich ihre Patientinnen ausziehen?

? Warum heißt es bei Männern: Blondinen bevorzugt?

Männer scheinen Blondinen eindeutig sexy zu finden. Wenn Sie mir nicht glauben, fragen Sie bitte eine x-beliebige Blondine von eigenen Gnaden (alias eine sogenannte künstliche Blondine), ob man ihr öfter hinterherpfeift, wenn sie blond ist. Sie wird Ihnen unmissverständlich klarmachen, dass Blondinen mehr Spaß haben.

Vorausgesetzt, man findet es spaßig, dass einem Männer auf dem Niveau von Steinzeitmenschen hinterherpfeifen.

Aber woran liegt das?

Vielleicht daran, dass Blondinen selten sind? Schließlich sind nur zwei Prozent der menschlichen Rasse von Natur aus blond.

Gut möglich. Aber der Seltenheitswert allein kann dieses Phänomen noch nicht erklären, denn sonst stünden wir alle auf Leute mit Hasenscharte oder gewaltigem Überbiss.

Das Ganze scheint mir eher eine Frage von Ursache und Wirkung zu sein. Da Männer blonde Frauen erotischer finden als andere (zumindest bei uns im Westen), signalisiert eine Frau, die sich die Haare blond färbt (ob bewusst oder unbewusst), dass sie erotischer wirken will. Und wird dann auch so wahrgenommen.

Aber das beantwortet immer noch nicht die Frage, warum Männer Blondinen bevorzugen. Ich beschloss, meine Lieblingsanthropologin, Dr. Lorraine Mackintosh, zu befragen, die selbst blond ist (wenn auch vermutlich keine echte Blondine).

»Ich glaube nicht, dass Männer Blondinen sexy finden, weil es nur wenige davon gibt, sondern weil sie einfach auffallen. Wenn Sie sich andere Arten ansehen, werden Sie feststellen, dass sich Tiere, egal welchen Geschlechts, immer zu dem Partner hingezogen fühlen, der aufregend anders aussieht. Denken Sie nur an den Pfau. Warum sollte das beim Menschen anders sein? Auch ich glaube, dass Frauen, die beschließen, blond zu sein, ganz bestimmte Signale aussenden. So ähnlich funktioniert das auch im Tierreich, wo bestimmte besondere Merkmale besagen: »Sieh mich an, ich bin in einer derart guten Verfassung, dass ich es mir leisten kann, mich um mein Äußeres zu kümmern.« Manche Männer fühlen sich auch von der Unschuld angezogen, die sie mit dem Blondsein verbinden. Schließlich gibt es mehr von Natur aus blonde Kinder als später Erwachsene. Wir wachsen gewissermaßen aus dem Blondsein heraus.«

»Aber für Sie gilt das eher nicht, oder?«

»In meiner Jugend war ich noch eine echte Blondine, ehrlich! Ich war fast weißblond.«

»Das glaube ich Ihnen gerne. Aber was ist dann passiert? Ich meine …«

»Ich weiß, was Sie sagen wollen. Die Sache verhält sich so: Wenn alle Verwandten, also Eltern, Großeltern, Urgroßeltern, blond waren, bleibt man auch sein Leben lang blond. Je mehr von ihnen nicht blond waren, desto geringer ist die Wahrscheinlichkeit, blond zu bleiben.

»Und, stimmt der Spruch bei Männern: Blondinen bevorzugt?«

»Ja, zumindest in Gesellschaften, wo sie von Natur aus selten vorkommen. Andererseits ist anzunehmen, dass sich Männer in einer Gesellschaft von überwiegend blonden Menschen um Brünette raufen würden.«

»Unter den Blondinen ist also die Brünette Königin?«

»Ganz genau!«

? Gibt es in der Welt der Kontaktanzeigen eigentlich auch Leute, die nicht »attraktiv« und »vermögend« sind?

Ich habe noch nie eine Kontaktanzeige aufgegeben. Ehrlich! Und ich habe auch nur auf eine einzige geantwortet. Und wenn ich Ihnen jetzt erzähle, was damals passiert ist, werden Sie verstehen, warum ich diese Erfahrung nur ungern wiederholen möchte.

Das Ganze war 1979, als ich noch jung, frei und ungebunden war.

Eines Tages stieß ich im Londoner *Time Out* auf eine Anzeige, die sich ungefähr so las: »Schöne blonde Jungfrau in Nöten sucht Prinzen auf weißem Pferd, der sie rettet.«

Ich war neugierig und langweilte mich, also antwortete ich darauf. Ich schrieb, dass ich zwar kein weißes Pferd besäße, aber dafür einen weißen *Morris Marina*.

Ein paar Monate später rief mich eine junge Frau mit einer sehr sympathischen Stimme an. Damals kannte ich allerdings folgenden Spruch noch nicht: »Wenn sie am Telefon süß klingen, kannst du locker fünfzehn Kilo draufrechnen.«

Also stieg ich in meinen weißen Morris Marina und brauste los. Ein paar Stunden später stand ich bei der Frau vor der Tür.

Ach du meine Güte!

Sie war, anders als ich aufgrund unseres Telefonats vermutet hatte, nicht in meinem Alter (also 22) und sah eindeutig nicht süß aus. Ich würde sagen: Mitte dreißig, deutlich übergewichtig und, seien wir ehrlich, einfach hässlich.

Zu meiner Entschuldigung muss ich sagen, dass ich ein paar Stunden blieb, bevor ich mich wieder verabschiedete – allerdings nicht, ohne sie so diskret wie möglich auf den Wortlaut ihrer Anzeige anzusprechen.

»Ach so, das«, sagte sie. »Die Anzeige war ein Weihnachtsgeschenk von guten Freunden.«

»Aha«, sagte ich. »Die haben dich also als schöne blonde Jungfrau beschrieben?«

»Ja, nett, nicht wahr?«

Ich schenkte ihr ein verkrampftes Lächeln, während ich krampfhaft überlegte, a) wann ich hier wohl endlich wegkam, und b) ob ich ihre verdammten Freunde wegen Betrugs verklagen konnte.

So gesehen bin ich, was Kontaktanzeigen anbelangt, leider etwas voreingenommen.

Trotzdem gibt es eindeutig einen Markt dafür, wie man an den vielen Zeitungen und Zeitschriften sehen kann, die sie abdrucken.

Obwohl ich – wie bereits mehrfach erwähnt – glücklich verheiratet bin, lese ich diese Anzeigen hin und wieder. (Ich bin auch mit meinem Auto zufrieden, was mich nicht davon abhält, Autozeitschriften zu lesen.)

Und dabei fiel mir auf, dass in der Welt der Kontaktanzeigen wirklich alle attraktiv und vermögend zu sein scheinen.

Weshalb man sich natürlich fragt, warum die Leute dann überhaupt Kontaktanzeigen aufgeben.

Als ich beschloss, tiefer in das Thema einzusteigen, bekam ich eine Witzmail, die beantwortet, warum die Selbstbeschreibungen der Leute so weit von der (meist traurigen) Wahrheit entfernt sind.

Kontaktanzeigen-Formulierungen – richtig interpretiert!

Um die 40 49
Abenteuerlustig .... geht mit jedem ins Bett
Sportlich .... vollkommen flachbrüstig
Durchschnittliches Aussehen .... Hilfe!
Schön .... ein(e) pathologische(r) Lügner(in)
Gefestigte Persönlichkeit ....unter Psychopharmaka
Feminist in .... dick
Freigeist .... Junkie
Rein freundschaftlich ....eine frühere Schlampe
New-Age .... Körperbehaarung an den falschen Stellen
Altmodisch .... Blowjobs kannst du vergessen!
Aufgeschlossen .... verzweifelt auf der Suche
Extrovertiert .... laut und peinlich
Professionell .... Nutte
sinnlich .... richtig dick
liebenswert .... unglaublich dick
sucht eine verwandte Seele .... Stalker

? Sind Transvestiten schwul oder nicht?

Der Freund eines Freundes, der gelegentlich gern in Frauenkleider schlüpft, sagt dazu: »Die meisten Transvestiten sind Heteros.«

Das fand ich erstaunlich. Irgendwie hatte ich automatisch angenommen, dass Männer, die gern Frauenkleider tragen, irgendwie keine richtigen Heteros sein können.

»Im Gegenteil«, sagte der Freund eines Freundes, der aus verständlichen Gründen anonym bleiben will (wobei das unserer Gesellschaft im Grunde ein ziemliches Armutszeugnis ausstellt). »Weil wir ein Ventil haben, um unsere feminine Seite auszuleben, sind wir im Grunde eher noch mehr heterosexuell als andere Heteros.«

Wer hätte das gedacht!

»Ich trage Frauenkleider und schminke mich, weil es einfach genieße. Meist nur zu Hause, weil man sonst sehr stark diskriminiert wird. Aber in den eigenen vier Wänden ist das etwas ganz anderes. Meine Frau und ich haben einen Riesenspaß, mich so richtig schick zu machen und zu schminken …«

»Ihrer Frau macht das also nichts aus?«

»Im Gegenteil, sie liebt das! Den besten Sex haben wir davor, währenddessen und danach. Sie sollten das auch mal ausprobieren!«

»Nein danke, so was hat mich noch nie gereizt.«

»Trotzdem. Sie sollten es erst einmal ausprobieren, bevor Sie es kategorisch ablehnen.«

»Ich will ja nicht prüde sein, aber allein die Vorstellung, in ein Kleid zu schlüpfen, lässt mich vollkommen kalt. Aber es interessiert mich umso mehr, wie man überhaupt auf so was kommt.«

»Ich bin ein Cross-Dresser, seit ich alt genug, war, ins

Zimmer meiner Mutter zu gehen und ihre Kleider anzuprobieren. Nicht, weil mich das sexuell erregt hat oder so was. Ich habe die Erfahrung einfach genossen, das Gefühl, etwas Verbotenes zu tun. Als ich dann auszog, hängte ich mir ein paar Kleider aus Secondhandläden in den Schrank. Und als ich meine Freundin kennenlernte – die heute meine Frau ist –, habe ich ihr davon erzählt, und sie hatte keine Probleme damit.«

»Aber wenn doch, was dann?«

»Dann wäre sie jetzt wahrscheinlich nicht meine Frau.«

»Ist es denn so wichtig?«

»Ja und nein. Ich mache es nicht oft, trotzdem ist es ein wichtiger Teil von mir. Deshalb könnte ich wohl mit niemandem zusammen sein, der damit nicht einverstanden ist. Wenn sie es nur tolerieren würde, könnte ich unter Umständen damit leben. Aber so, wie es ist, ist es einfach fantastisch.«

Ich glaube, ich muss noch viel über den Unterschied zwischen Geschlechtern, sexueller Orientierung und Rollenverhalten lernen.

? Kann man auch zum Orgasmus kommen, ohne berührt zu werden?

Ja, das geht! Manche Leute (beneidenswert!) können ohne jegliche Berührung zum Orgasmus kommen, indem sie sich ausschließlich emotional, visuell oder psychologisch stimulieren. Dieses Privileg genießen allerdings nur sehr wenige Menschen. Laut einer Kinsey-Studie gelang es von fünftausend Befragten nur drei, vier Männern, allein aus der Fantasie heraus zu ejakulieren. Das entspricht etwa 0,06 bis 0,08 Prozent. Interessanterweise schafften es immerhin 2 Prozent der Frauen, nur durch erotische Fantasien zum Orgasmus zu kommen. Und da heißt es immer, Frauen hätten die größeren Orgasmusschwierigkeiten!

Angeblich kann man solche Orgasmen trainieren – mit viel Übung und bestimmten Atemtechniken.

? Was ist der harmloseste Song/Film/Text, der der Zensur zum Opfer fiel?

Damals, als die BBC noch eine Monopolstellung unter den (legalen) britischen Radiosendern genoss, konnte sie so gut wie alles zensieren – und tat das auch.

Bei einigen Songs lässt sich das ja vielleicht noch nachvollziehen, zum Beispiel bei *Je t'aime (…moi non plus)* von Serge Gainsbourg und Jane Birkin – obwohl es einfach unglaublich ist, dass das Lied von einer Sendung wie *Top of the Pops* ignoriert werden konnte, während es längst sämtliche Hitparaden erklommen hatte –, bei *God Save The Queen* von den Sex Pistols oder *I Want Your Sex* von George Michael. Doch bei anderen Liedern war die Entscheidung, sie nicht zu spielen, schlichtweg absurd – selbst für die damalige Zeit.

Chuck Berrys *My Ding-A-Ling* wurde zensiert, weil er von seinem Ding-a-ling sang. (Was für ein Armutszeugnis für die britischen Musikkonsumenten, dass es ausgerechnet dieser alberne kleine Song war, der dem Rock'n'Roll-Pionier zu seinem einzigen Nummer-Eins-Hit in Großbritannien verhalf!)

Zum Ausgleich möchte ich ein paar andere Songs nennen, die es schafften, der Zensur zu entgehen:

Walk on The Wild Side (Lou Reed): Bei diesem Song von 1973 über Holly, die sich die Brauen zupft, die Beine rasiert und eigentlich ein »Er« ist, gibt es massenweise Anspielungen auf Sex, Transvestiten und Drogen. So gesehen grenzt es fast schon an ein Wunder, dass er nicht verboten wurde.

Pictures of Lily (The Who): Ein Song über das gute alte Taschenbillard, was bei der BBC allerdings niemand schnallte.

Blinded By The Light (Manfred Mann's Earth Band): Dieser Song von 1976, der von Bruce Springsteen geschrieben wurde, ist unter anderem ein Loblied auf die Selbstbefriedigung: *»In the dumps with the mumps as the adolescent pumps his way into his hat.«*

(I Can't Get No) Satisfaction (The Rolling Stones): Während Mick und die anderen Jungs jede Menge Ärger mit *Let's Spend The Night Together* hatten (und den Text in *Let's spend some time together* ändern mussten), gab es mit diesem Song von 1965 keine Probleme, obwohl er eindeutig auf die Periode eines Mädchens anspielt: *»Come back maybe next week/cos you see I'm on a losing streak.«*

See Emily Play (Pink Floyd): Dieser auf den ersten Blick harmlose Song kam 1967 auf Platz 6 und wurde von den Moderatoren ständig gespielt. Sie merkten gar nicht, dass es in dem Lied hauptsächlich darum geht, wie sich ein Mädchen »selbst entdeckt« und uns einlädt, an ihrem Voyeurismus teilzuhaben. Nicht gerade das, was man bei der BBC zu schätzen wusste, als Sandie Shaw ihren Eurovisionshit *Puppet On A String* hatte.

John Wayne Is Big Leggy (Haysi Fantayzee): Dieser Song von 1982 kam bis auf Platz 11, ohne dass irgendjemand bei der BBC zu bemerken schien, worum es hier eigentlich geht. Sagen wir mal so: Mit »Big Leggy« ist nicht das Bein eines Mannes gemeint …

Doch hier noch ein kleiner Nachtrag zu den von der BBC verbotenen Songs: Auf einer Klassenreise in die frühere Sowjetunion hielten wir kurz in Brest-Litowsk, der russischen Grenzstadt, in der 1918 das Waffenstilltandsabkommen unterzeichnet worden war. Zur Gedenkstätte begleiteten uns ein paar reizende Schüler, die ganz wild auf unsere westliche Musik waren. Einige Leute aus unserer zwanzigköpfigen Klasse zogen sie und das kommunistische System damit auf, dass *Slade* und *Sweet* als dekadent gebrandmarkt wurden. Doch dann rächte sich ein russisches Mädchen, indem es ganz unschuldig fragte, ob wir schon mal was von der Platte gehört hätten, die sie sich neulich gekauft hätte: *Give Ireland Back To The Irish* von Paul McCartneys *Wings*. Nein, mussten wir gestehen. Die war in Großbritannien nämlich verboten.

? Woran merkt man, dass der Partner eine Affäre hat?

Das hängt ganz vom Partner ab. Wie gute Pokerspieler lassen sich auch erfolgreiche Ehebrecher nichts anmerken. Vielleicht gehe ich deshalb nicht fremd, weil ich mich sofort verraten würde. Meine Frau wüsste umgehend Bescheid.

Es gibt allerdings recht eindeutige, ja fast schon klischeehafte Hinweise:

Er/Sie ist extrem (un)aufmerksam, er/sie kauft mehr/weniger Geschenke, er/sie wird rot, wenn man ihn/sie darauf anspricht, er/sie weicht ständig aus.

Und es ist verdächtig, nicht erreichbar zu sein – vor allem heute, wo doch jeder ein Handy hat. (Andererseits können Handys Ehebrechern auch nützlich sein. Während man dem Partner früher noch die Telefonnummer des Hotels verraten musste, weiß heute kein Mensch mehr, von wo aus man eigentlich anruft oder wo man erreicht wird.)

Googeln Sie mal das Wort Seitensprung. Es gibt sogar Seitensprungagenturen! Wahrscheinlich sind sie deshalb so attraktiv, weil man den Partner zur Sicherheit lieber mit jemandem betrügt, der selbst einiges zu verlieren hat. Sonst gerät man noch an jemanden, der einem später das eigene Kaninchen in den Kochtopf schmuggelt …

Es wimmelt jedenfalls förmlich von gewerblichen Anzeigen: Ob www.jux.de/seitensprung, www.flirt-fever.de, www.trend-single.de, www.schnelle-bekanntschaft.com oder www.seitensprungtest.de. Es mangelt nicht an Angeboten. Aber wissen Sie, woran Sie wirklich merken, dass Ihr Partner Sie betrügt? An den vielen Werbemails, die man bekommt, wenn man sich auf solchen Seiten angemeldet hat.

Partner lügen. Ehepartner lügen. Aber der Markt lügt nie.

? Als es noch illegal war, homosexuell zu sein: Wurden da auch berühmte Männer wegen ihrer Veranlagung verurteilt?

So lächerlich das in unseren aufgeklärten Zeiten auch klingen mag – die Antwort auf diese Frage lautet bedauerlicherweise Ja.

Hier eine kleine Liste mit bedauernswerten Opfern:

Sir John Gielgud Im Jahr 1953 musste der große Schauspieler eine Geldbuße von 15 Pfund bezahlen, weil er jemanden auf einer öffentlichen Toilette »belästigt« hatte. Damit der Vorfall nicht an die Öffentlichkeit gelangte, gab Gielgud als Berufsbezeichnung »Angestellter« an.

Peter Wyngarde Der Schauspieler, der vor allem mit seiner Rolle als Jason King in *Department S* bekannt wurde, wurde 1975 auf einer öffentlichen Toilette festgenommen und wegen grober Unzucht mit einem Kranführer aus Gloucester verurteilt. Er musste 75 Pfund Strafe zahlen. Doch noch viel schlimmer war, dass seine Karriere damit beendet war.

Leonardo da Vinci Der größte Künstler aller Zeiten war sein Leben lang homosexuell. Mit 24 Jahren wurde er verhaftet, weil er mit einem siebzehnjährigen Stricher mitgegangen war. Er musste sogar ins Gefängnis, bevor er von Freunden freigekauft werden konnte.

Montgomery Clift Kurz nachdem er berühmt geworden war, verhaftete man den Schauspieler, weil er in New York einen Stricherjungen aufgegabelt hatte.

Oscar Wilde Bekanntermaßen strengte Wilde eine Beleidigungsklage gegen den Vater seines Lovers, Lord Alfred Douglas, an, weil dieser ihn einen Sodomiten genannt hatte. Leider verlor er die Klage. Das führte zu einem Strafgerichtsprozess, in dem er zu zwei Jahren Zwangsarbeit im Zuchthaus von Reading verurteilt wurde. Dort schrieb er dann seine unsterbliche *Ballade vom Zuchthaus zu Reading*.

Bill Tilden Der große amerikanische Tennisspieler wurde 1964 festgenommen und auf eine kalifornische »Besserungsanstalt« geschickt, weil er einen Minderjährigen zu verbrecherischen Handlungen angestiftet hatte.

? Stimmt es, dass Krankenschwestern einem Patienten »behilflich« sind, wenn er es sich nicht mehr selbst besorgen kann?

Wie viele Pubertierende hörte ich diese Geschichte von einem Jungen, der sie wiederum von einem anderen Jungen gehört hatte usw. Bis ich schließlich jemanden traf, der mir erzählte, es sei ihm tatsächlich passiert!

Ich glaubte ihm. Meine Güte, ich hab ihm doch tatsächlich geglaubt! Und das Nacht für Nacht, bis ich beinahe blind wurde vor lauter Glauben. Bitte vergessen Sie dabei nicht, dass es damals, als ich ein Junge war, nur Schwestern gab und noch keine Pfleger.

Doch irgendwann dämmerte mir, dass dieser Freund auch schon behauptet hatte, sein Jimi-Hendrix-Poster sei genau in der Stunde in der Nacht in dem Monat in dem Jahr von der Wand gefallen, in der der Gitarrist gestorben war. Und so musste ich mir bedauerlicherweise eingestehen, dass hier wohl eher der Wunsch Vater des Gedankens gewesen war.

Deshalb wollte ich diese Frage eigentlich schon als eine weitere Großstadtlegende abtun. Doch dann packte mich das schlechte Gewissen, und ich raffte mich doch noch dazu auf, dem *Royal College of Nursing*, der britischen Schwesternschule schlechthin, eine E-Mail zu schicken.

Sie lautete wie folgt:

Hallo,
ich hoffe, Sie können mir weiterhelfen.
Ich heiße Mitchell Symons und bin Autor (was Sie bei Amazon gern überprüfen dürfen). Im Moment schreibe ich ein unterhaltsames Sachbuch, in dem ich alle möglichen Fragen beantworte. Viele davon stammen von Lesern meiner vorherigen Bücher.

Eine lautet: Stimmt es, dass Krankenschwestern einem Patienten »behilflich« sind, wenn er es sich nicht mehr selbst besorgen kann?«
Das klingt jetzt vielleicht unanständig, wenn nicht sogar unverschämt – was übrigens auf die meisten Fragen dieses Buches zutrifft. Trotzdem tue ich mein Bestes, um sie so sorgfältig wie möglich zu beantworten. Daher auch diese E-Mail.
Meine Telefonnummer lautet ...
Mit freundlichen Grüßen
Mitchell Symons

Ein sehr netter Herr aus der Abteilung für Öffentlichkeitsarbeit rief mich zurück. »Darf ich es so kurz wie möglich machen?«, fragte er.

Ich war ganz Ohr. »Ja bitte.«

»Nein.«

»Und das ist alles?«

»Und würden Sie freundlicherweise noch hinzufügen, dass der Beruf der Krankenschwester äußerst seriös ist, weshalb solche Dienste mit Sicherheit nicht in ihren Aufgabenbereich fallen?«

Zu schade aber auch!

? Können Eunuchen Sex haben?

Die Frage ist faszinierend – aber die Antwort umso prosaischer. Manche ja und manche nein. Obwohl es heute nur noch wenige Eunuchen gibt – da Harems nicht mehr so verbreitet sind wie einst –, hat man schon immer zwei Typen von Eunuchen unterschieden: solche mit Eiern, die immer noch Sex haben können (auch wenn ihre Anmachsprüche vielleicht ein bisschen schrill klingen), und solche ohne jedwede Ausstattung, die, äh, keinen mehr haben können.

Das war's auch schon.

? Gibt es außer dem Menschen noch andere Tiere, die nicht nur zur Fortpflanzung, sondern auch zum Freizeitvergnügen Sex haben?

Laut meiner befreundeten Zoologin Lucy nicht sehr viele – wenn man unter diesem Freizeitvergnügen versteht, dass die Teilnehmer keine Fortpflanzung im Sinn haben und Männchen sowie Weibchen einvernehmlich mitmachen.

»Tatsächlich gibt es nur zwei Säugetierarten, die diese Kriterien erfüllen: Delfine und Bonobos.«

»Bonobos?«

»Eine Schimpansenart.«

»Verstehe. Wie kommt es, dass nicht mehr Tiere zum Freizeitvergnügen Sex haben?«

»Das ist genau die falsche Frage! Frag lieber, warum so gut wie alle Tiere nicht zum Freizeitvergnügen Sex haben, aber der Mensch schon.«

»Bitte erklär's mir.«

»Sex zum Freizeitvergnügen ist ein Luxus, den sich nur wenige Arten leisten können. Überleg doch mal: Die meisten Tiere sind viel zu sehr mit Nahrungssuche beschäftigt, um einfach nur zum Freizeitvergnügen Sex zu haben. Und selbst wenn sie die Zeit dazu hätten – warum sollten sie so viel Energie auf etwas derartig Unproduktives verschwenden?

Hinzu kommt ein weiterer Faktor: Bevor sich Tiere paaren, müssen sie häufig erst gegen andere Artgenossen kämpfen, um sich dieses Recht zu erwerben – Weibchen ebenso wie Männchen. Aus biologischen Gründen mag das durchaus gerechtfertigt sein, aber zum Freizeitvergnügen?«

»Trotzdem. Bonobos und Delfine wissen es besser, stimmt's?«

»Weil sie weiter entwickelt und uns deshalb ähnlicher sind.

Doch warum ausgerechnet Bonobos zum Freizeitvergnügen Sex haben, aber keine anderen Menschenaffen, kann ich dir auch nicht erklären.«

? Gibt es außer dem Menschen noch andere Tiere, die masturbieren? Oder homosexuell sind?

So schnell wurde mich Lucy nicht los!

»Tut mir leid, aber diese Frage kann ich dir nicht eindeutig beantworten. Anders als beim Sex zum Freizeitvergnügen riskiert das Tier beim Masturbieren nicht, von rivalisierenden Artgenossen angegriffen zu werden. Aber die anderen Faktoren, die ich vorhin erwähnt habe – nämlich die damit einhergehende Zeit-, Energie- und Spermaverschwendung – sprechen gegen ein solches Verhalten.«

»Und was war mit unserem Hund Blue, einem etwas dämlichen Golden Retriever, der alles besprang, was nicht niet- und nagelfest war, egal ob Beine, Kleider, Möbel, einfach alles?«

»Naja, Haustiere – vor allem Hunderüden – sind zweifellos ein ganz anderes Thema. Ein Rüde verhält sich in der Regel ähnlich wie sein Besitzer ...«

»Moment mal, Lucy, pass auf, was du jetzt sagst!«

»Affen lieben es übrigens, in der Gruppe zu masturbieren, vorausgesetzt, sie haben die nötige Zeit und Energie dazu.«

»Und was ist mit dem zweiten Teil meiner Frage: Gibt es auch homosexuelle Tiere?«

»Nun, die in der Gruppe masturbierenden Affen habe ich bereits erwähnt. Von schwulen Affen gibt es mehrere bekannte Fälle, ja sogar von schwulen Pinguinen. Aber die sind mit Vorsicht zu genießen, da wir dazu neigen, tierisches Verhalten zu vermenschlichen.«

»Erklärt das auch, warum es in amerikanischen Großstädten mit hohem Schwulenanteil so viele Zoos mit ›schwulen Pärchen‹ gibt?«

»Kann schon sein. Doch was wir als homosexuelles Verhalten bezeichnen, kann genauso gut eine Form von Stress oder Putzverhalten sein: Es ist interessant zu beobachten, was passiert, wenn man weibliche Affen in eine sogenannte ›schwule‹ Partnerschaft integriert.«

»Wieso, was passiert dann?«

»Die Affen werden wieder heterosexuell.«

? Warum ist Inzest in den sogenannten zivilisierten Gesellschaften verpönt?

Es gibt ein britisches Sprichwort, das besagt: »Man sollte alles wenigstens einmal ausprobieren – außer Inzest und Volkstanz.« Ich fühle mich weder zum einen noch zum anderen hingezogen. Aber Sie haben mich auch noch nie tanzen sehen.

Die Recherchen zu diesem Thema war nicht sehr angenehm, weshalb ich sie lange hinausgeschoben habe. Auch das sonst so praktische Internet war mir diesmal keine große Hilfe: Alles, was man zu diesem Thema findet, ist, bis auf die strikte Definition »Geschlechtsverkehr zwischen nahen Verwandten«, hauptsächlich pornographisch und dementsprechend ungeeignet.

Also habe ich in der Fachliteratur nachgeschlagen, die ich mir im Lauf der Jahre für solche Fälle zugelegt habe, und mit einem Arzt, einem Psychiater und einem Sozialanthropologen gesprochen.

Natürlich gibt es verschiedene Formen von Inzest. Am häufigsten kommt sicherlich der zwischen Vater und Tochter vor, aber auch der Inzest zwischen Bruder und Schwester ist weit verbreitet.

Zwei Dinge lassen sich mit Sicherheit feststellen. Erstens: Das Ganze hat nur wenig mit sexuellem Verlangen, aber dafür umso mehr mit Kontrolle, einer bestimmten Veranlagung und Familiendynamik zu tun – vor allem, wenn es sich um eine dysfunktionale Familie handelt.

Und zweitens: Inzest kommt in allen sozialen Schichten vor. Das hat mich überrascht, da ich zum Thema Inzest genau zwei Klischees im Kopf hatte: Den Familienvater, der betrunken aus der Kneipe kommt, von seiner Frau abgewiesen wird und sich dann über die Tochter hermacht. Und die

Arbeiterfamilie, in der Brüder und Schwestern auf engstem Raum zusammenleben müssen, was irgendwann zu Intimitäten führt.

Solche Fälle mag es zwar durchaus geben, aber die Regel sind sie nicht: Ein Vater, der seine Tochter missbraucht, kann mit derselben Wahrscheinlichkeit der Oberschicht oder der Unterschicht angehören. Nur dass Ersterer dabei nicht auch noch betrunken sein muss. Auch Verhältnisse zwischen Bruder und Schwester oder Mutter und Sohn kommen in allen Schichten vor – zwischen Brüdern und Schwestern vor allem in dysfunktionalen Familien.

Dass Inzest in sogenannten zivilisierten Gesellschaften relativ selten ist, hat evolutionsgeschichtliche Gründe. Sie bewirken, dass wir eine tiefverwurzelte Abneigung gegen Sex mit nahen Verwandten haben. Angeblich besitzen Brüder und Schwestern sogar Pheromone, die dafür sorgen, dass sie sich nicht attraktiv finden können.

Und trotzdem kommt Inzest vor.

Schon die Bibel steckt voller Inzestgeschichten. Wenn man sie wörtlich nimmt, hatten Adam und Eva drei Söhne. Doch wie konnte sich dann das Menschengeschlecht entwickeln, wenn nicht wenigstens einer von ihnen Sex mit seiner Mutter hatte?

Doch das ist noch längst nicht alles: Abraham heiratete seine Halbschwester, während sein Bruder seine Nichte ehelichte. Und in der Zwischenzeit wurde Lot von seinen Töchtern verführt, die ihm Wein einflößten, »um uns Nachkommen zu schaffen von unserem Vater«.

Nach einer kleinen Zeitreise sind wir schnell bei Caligula angelangt, der eine seiner Schwestern vergewaltigte.

Dann ist da noch Lord Byron, der ein inzestuöses – und ehebrecherisches – Verhältnis mit seiner Halbschwester hatte.

Casanova verliebte sich in ein junges Mädchen, das, wie er später erfuhr, seine Tochter aus einer früheren Verbindung war. Doch auch das hielt ihn nicht davon ab zu schreiben: »Ich habe nie verstehen können, wie ein Vater seine charmante Tochter zärtlich lieben kann, ohne nicht mindestens einmal mit ihr geschlafen zu haben.«

Viel spricht dafür, dass auch Victor Hugo ein sexuelles Verhältnis mit seiner Tochter hatte.

Adolf Hitler hatte eine Affäre mit der Tochter seiner Halbschwester Angela, die junge Geliebte beging schließlich Selbstmord.

Also, ich plädiere eindeutig für Volkstanz.

? Warum hatte ich nie feuchte Träume – nicht mal als Teenager?

Wer das nicht kennt, kann sich kaum vorstellen, wie merkwürdig es als Teenager für mich war, wenn alle Kumpels von ihren feuchten Träumen erzählten.

Natürlich kicherte ich an den richtigen Stellen. Trotzdem hatte ich nicht die geringste Ahnung, worum es da eigentlich ging.

Während jeder andere Junge aus meiner Klasse einen nächtlichen Samenerguss nach dem anderen zu haben schien, wachte ich regelmäßig knochentrocken auf einem makellosen Laken auf.

Stimmt vielleicht irgendwas nicht mit mir?, fragte ich mich.

Erst viele Jahre später – bzw. vor etwa fünf Minuten – dämmerte mir, dass vielleicht auch andere Jungs nur so taten als ob.

Ich beschloss, mich an die Koryphäe auf diesem Gebiet, Alfred Kinsey, zu wenden. Seine Nachforschungen ergaben, dass 83 Prozent der Männer feuchte Träume bzw. einen nächtlichen Samenerguss haben. Meist in der Pubertät und bis zum Alter von dreißig Jahren immer seltener. Die Anzahl von Frauen mit einem nächtlichen Orgasmus liegt bei 37 Prozent und ist damit höher, als ich dachte. 13,11 Prozent der Männer (im Vergleich zu fünf Prozent der Frauen) erleben auf diese Weise übrigens ihren ersten Orgasmus.

Anscheinend hat sich die Mehrzahl – also 83 Prozent – das Ganze doch nicht nur ausgedacht. Ich gehörte einfach nur zu den anderen 17 Prozent.

In einem hatte ich allerdings recht, nämlich dass man hauptsächlich als Teenager feuchte Träume hat – immerhin ein (kleiner) Trost.

? Wie kommen Pornostars eigentlich zu ihrem Namen?

Ich habe einmal einen Pornostar kennengelernt. Sie war Britin und hieß Linda. Unter ihrem Mädchennamen drehte sie Pornofilme und mit ihrem angeheirateten Namen trat sie als Malerin in Erscheinung (sie war wirklich eine begabte Künstlerin).

Aber vielleicht war es auch umgekehrt – Sie wissen schon, was ich meine. Der Chefredakteur von *Penthouse* beauftragte mich vor rund zwanzig Jahren mit einem Interview. Warum er ausgerechnet mich schickte, weiß ich bis heute nicht, da ich nur selten Interviews führte. Auch an Pornofilmen hatte ich nie großes Interesse. (Als ehemaliger Fernsehdirektor kenne ich die Drehbedingungen viel zu gut, um das Gezeigte noch für bare Münze nehmen zu können.)

Nun, da war ich also, und da war sie: attraktiv, intelligent und sehr direkt. Wenn ich mich recht erinnere, waren wir uns in allem einig. Nur, dass Pornofilme auch nichts anderes sind als ganz normale Filme, wollte ich nicht recht einsehen. Soweit ich weiß, verglich sie ihre Filme mit Western. Sie fragte mich, was mich daran störe, wenn sie in ihren Filmen Sex hätte. Dass John Wayne in seinen Filmen einen nach dem anderen erschießt, würde mich schließlich auch nicht stören. Beides sei letztlich nur gespielt.«

»Moment mal! Wenn John Wayne jemanden erschießt, steht er wieder auf, sobald die Szene im Kasten ist. Aber wenn Sie jemanden vögeln, wurde er schlichtweg gevögelt.«

Sie konnte oder wollte nicht verstehen, was ich meinte, und so einigten wir uns darauf, in diesem Punkt unterschiedlicher Meinung zu sein. Ich schrieb mein Interview, und sie schickte mir einen netten Brief, in dem sie sich für mein einfühlsames Porträt bedankte.

Und jetzt kann ich mich ums Verrecken nicht mehr an ihren Nachnamen erinnern. Ich weiß nur noch, dass es ein ganz gewöhnlicher Name war – so was Ähnliches wie Jones oder Davies.

Heute haben Pornostars beiderlei Geschlechts die unglaublichsten Namen, etwa Abbey Jewels, Nikki Charm, Chocolate Delight, Holly Body, Koffee Kakes, Bubbalicious, Horny Henry, Lisa Lipps, Wendy Whoppers, Abundancy Jones, Brandi Wine, Juicy Fruit, Bunny Bleu, Big Daddy Porn, Gwendy Licious, Tiffany Towers, Hope Rising, Amber Angel, Johnny Rocket, Sharon Swallow, April Showers, Darling Desire, Blonde Ice, Ebony Ayes, Purple Passion, Long Dong Silver, Aphrodite Night, Crystal Sky, September Raines, Kayla Kleavage, Agent 69, Quentin Cream, Autumn Haze, Fantasy Kiss – ich könnte diese Liste endlos fortsetzen.

Es kursieren sogar Methoden, mit denen man seinen eigenen Pornonamen generieren kann (falls man auf diesem Gebiet Karriere machen will). Dabei dient beispielsweise Ihr zweiter Vorname oder der Name Ihres Haustiers als Vorname und der Name der Straße, in der Sie aufgewachsen sind, als Nachname. Ich hieße dann Paul Green oder (noch besser) Snowy Green.

Das Generieren eines albernen Pornonamens – wobei ich mich in aller Form bei jenen entschuldigen möchte, die wirklich so getauft wurden – dürfte allerdings noch der vergnüglichste Teil eines ansonsten ziemlich geschmacklosen Geschäftszweigs sein.

Wer das mit der Geschmacklosigkeit bezweifelt, sollte sich mal ansehen, was für Auswirkungen die Video- und Digitaltechnik auf diesen Markt gehabt hat. Jetzt, wo jeder Pornofilme drehen kann, tut es auch jeder. Das hat zu einer Unmenge von sogenannten Gonzo-Filmen – ohne jede Rahmenhandlung und in den eigenen vier Wänden gedreht – geführt und den Wettbewerb verschärft. Mit der Konsequenz, dass die Branche noch brutaler geworden ist.

Während meine Generation noch damit zufrieden war, wenn Sven und Hans zu ein paar Mädchen sagten: »Wollt ihr mit zu uns kommen und mal so richtig einen draufmachen?«, gefolgt von zwanzig Minuten Sex und ganz normalen »cum shots« (abgefilmtes Abspritzen, auch »money shot« genannt), hat man heute ganz andere Ansprüche.

Eine »doppelte Analpenetration« mag zwar durchaus legal sein, und es mag auch weibliche Pornostars geben (wenn auch nicht die, die ich eingangs erwähnt habe), die sich dementsprechend penetrieren lassen. Aber wenn man bedenkt, was sie ihrem Körper alles antun und dass sie demnächst nur noch über einen künstlichen Darmausgang verfügen dürften, finde ich das Ganze völlig inakzeptabel.

Mit anderen Worten: Ich finde es in Ordnung, wenn sich mündige Erwachsene ansehen, wie sich andere mündige Erwachsene amüsieren. Aber nicht, wie sie sich Schmerzen zufügen bzw. zufügen lassen.

Denn solche Filme sind nun mal keine Western. Auch wenn der Dreh zu Ende ist: Die Schmerzen gehen weiter.

Selbst für »Stars«, die sich nicht körperlich ruinieren, sieht die Zukunft nicht unbedingt rosig aus.

Wie Sie sich denken können, habe ich die Namen der Pornostars aus dem Internet gezogen. Einen, der hier nicht aufgeführt ist, habe ich aufs Geratewohl angeklickt. Nur um festzustellen, dass die Dame drei bis fünf Jahre in einem Gefängnis absitzen muss – wegen Diebstahls.

Wirklich glamourös, finden Sie nicht auch?

? Warum sind die Männer in Pornofilmen eigentlich immer so hässlich (wo es doch an Bewerbern nicht mangeln sollte?)

Sie erinnern sich noch an die alten Pornofilme, die ich vorhin erwähnt habe? Die mit den bärtigen Deutschen oder Holländern und den willigen Blondinen?

Und, waren diese Typen vielleicht nicht hässlich? Und fett? Lausige Schauspieler waren sie sowieso. Nicht einmal ihren Satz »Wollt ihr mit zu uns kommen und mal so richtig einen draufmachen?« konnten sie glaubwürdig rüberbringen.

Selbst ihr koitales Gegrunze und Gestöhne – »hmmmmmmm, bist du guuuuuuuuut« – klingt so überzeugend wie das Versprechen eines Politikers.

Wenn meine Freunde und ich diese Filme auf einem flackernden Fernsehschirm ansahen, wunderten wir uns immer über das Casting. »Wir sehen viel besser aus als die!«, riefen wir regelmäßig. »Die hätten uns nehmen sollen!«

Aber vielleicht war ihre Hässlichkeit ja so was wie ein Alleinstellungsmerkmal. Ganz nach dem Motto: Wenn sich die Mädchen für solche Kerle ausziehen und sich ihnen hingeben – was würden sie dann erst für uns tun?

Später glaubten wir, dass die Männer ihre Rollen deshalb bekamen, weil sie ihre Ständer auch dann noch behielten, wenn ihnen andere dabei zusahen. Und weil sie ihren Schwanz immer wieder hochbekamen und über unerschöpfliche Samenvorräte zu verfügen schienen.

Oder aber sie waren mit dem Regisseur befreundet.

Doch seit es Viagra gibt, ist alles anders.

Jetzt kann jeder eine Erektion haben, die so lange dauert, wie es die Rolle verlangt. Den ganzen Tag lang, Tag für Tag. Viagra sorgt dafür, dass das Blut in Körperteile fließt, die andere Hilfsmittel nicht erreichen.

Heute braucht man auch keine Fluffergirls mehr, die dafür sorgen, dass die Darsteller erregt bleiben. Heute ruft niemand mehr: »Hurra, er hat einen Steifen!«, wenn der Darsteller (wieder) eine Erektion hat.

Das einzige Problem besteht darin, dass Viagra einem Mann auch nicht zu mehr Samenflüssigkeit als sonst verhelfen kann. Und hier kommt die Filmindustrie ins Spiel: Aus verschiedenen Winkeln gedrehte »cum shots« werden einfach hineingeschnitten und (bis zum Erbrechen) wiederverwendet.

Viagra hat dafür gesorgt, dass die Pornoindustrie nicht mehr auf hässliche Männer angewiesen ist, die eine dauerhafte Erektion vorweisen können. Heute kann sie es sich leisten, die Männer nach ihrem Aussehen und ihrer Penisgröße auszuwählen.

Ja, sie könnte die Männer sogar aufgrund ihrer schauspielerischen Qualitäten auswählen (obwohl ich da so meine Zweifel habe).

Wie ich hörte, gibt es immer noch viele »Normalos« in Pornofilmen. Aber wenigstens sind sie nicht mehr hässlich, und Sven und Hans müssen sie auch nicht mehr heißen.

? Gibt es so etwas wie Sex nach der Ehe?

Oh Gott, ich weiß … aber ich frage ja nur! Ehrlich gesagt finde ich allein schon die Frage deprimierend. Auch nachdem ich mit meinen zehn engsten (männlichen) Freunden gesprochen und sie gefragt habe, wann sie »es« das letzte Mal getan haben und wie oft sie »es« tun, finde ich das Ergebnis nicht gerade ermutigend.

An diesem Punkt sollte ich mich wahrscheinlich über mein eigenes Liebesleben äußern. Doch verständlicherweise ist meine Frau – und zum Sex gehören nun mal zwei – nicht damit einverstanden, dass ich unser Liebesleben vor Ihnen ausbreite.

Deshalb nur so viel: Meine Erfahrungen unterscheiden sich nur geringfügig von denen meiner Freunde – auch wenn mich mein bemitleidenswertes männliches Ego dazu zwingt, zu sagen, dass ich mehr Sex bekomme als die meisten von ihnen.

Aber auch das sagt nicht sehr viel. Die neueste Studie (2005) zu diesem Thema beweist nur, was wir ohnehin schon alle wissen, nämlich: dass Leidenschaft vergeht.

Laut Dr. Enzo Emanuele, der die Studie an der Universität von Pavia durchführte, klingt die Wirkung jener Substanz, die in unserem Gehirn für leidenschaftliche Verliebtheit sorgt, nach etwa einem Jahr ab. Dr. Emanueles Team untersuchte eine Gruppe von Männern und Frauen zwischen 18 und 31: Einige davon waren Singles, andere frisch verliebt, und wieder andere steckten in langjährigen Beziehungen.

Die frisch Verliebten hatten erhöhte Protein- bzw. Neurotrophinwerte (genau das, was bei uns schwitzige Hände, Euphorie und Herzklopfen verursacht). Die Paare, die länger als ein Jahr zusammen waren, hatten dieselben Neurotrophinwerte wie Singles.

Dr. Emanuele beendete seinen Bericht wie folgt: »Angesichts der Komplexität der romantischen Liebe und ihrer Fähigkeit, uns zu beschwingen, zu erregen, zu verstören und unser Verhalten zu beeinflussen, sind weitere Forschungen zur Neurochemie und Neuroendokrinologie dieses einzigartigen emotionalen Zustands mehr als wünschenswert.«

Aber natürlich.

Aber was hilft uns das? Wenn überhaupt, beweist das nur, dass es zwar so etwas wie Sex nach der Hochzeit gibt, dieser aber wahrscheinlich eher liebevoll und beruhigend als leidenschaftlich und alles verzehrend ist.

Und jetzt kommt's: Genau solche Ehen sind die »besten«. Alle Beziehungen, die ich kenne, in denen die Leute den meisten bzw. den leidenschaftlichsten Sex haben, sind auch die problematischsten: Sie gehen ganz besonders häufig schief.

Nein, als Mann, der sich noch gut daran erinnern kann, als Sex *vor* der Ehe ein Thema war, entscheide ich mich lieber für das gemütliche Ehebett als für das wilde Herumturnen auf irgendwelchen Autorückbänken.

? Gibt es wirklich so etwas wie Nymphomanie, oder ist das nur eine Männerfantasie?

Im Grunde könnte man das Wörtchen »oder« genauso gut weglassen – denn unabhängig davon, ob diese Störung existiert oder nicht, wird sie immer eine beliebte Männerfantasie bleiben.

Warum? Weil die Vorstellung einer allzeit bereiten Frau einfach etwas hat ... und zwar so lange, bis man wirklich mal eine kennenlernt und schmerzlich feststellen muss, dass man sie niemals glücklich machen kann. Ich selbst habe nie eine Nymphomanin kennengelernt (zumindest nicht, dass ich wüsste), aber mein Freund Rick, der Erotomane (ein liebestollerer Mensch ist wirklich schwer vorstellbar). Rick hat mir erzählt, dass sie »verfickt furchteinflößend« war: »Und dabei dachte ich immer, *ich* könnte nie genug kriegen – aber sie war einfach unersättlich!«

Laut Lexikon versteht man unter Nymphomanie »eine Störung, bei der die Frau eine krankhaftes oder obsessives Verlangen nach sexueller Stimulation oder Befriedigung hat«. Aber da es sich dabei um keinen wirklich klinischen Begriff handelt, könnte man genauso gut sagen: Jede Frau, die mehr Sex will, als der Mann/die Männer, mit denen sie gerade zusammen ist, ist eine Nymphomanin.

Das Wörtchen, auf das es ankommt und das sogar Erotomanen in die Flucht schlägt, lautet »obsessiv«.

An nichtssagendem, leidenschaftslosem Sex stören sich die meisten Männer nicht. Wenn wir ehrlich sind, suchen wir sogar unser ganzes Leben lang danach. Aber wenn das mit einer einseitigen manischen Zwangsneurose einhergeht, die im Extremfall dazu führt, dass unser geliebtes Haustier im Kochtopf landet, können wir gern darauf verzichten.

Die erste ausführliche Studie über Nymphomanie, *La*

Nymphomanie ou Traité de la Fureur Utérine stammt vom französischen Mediziner M. D. T. de Bienville, der im 18. Jahrhundert lebte. Seiner Meinung nach wurde diese Störung durch »zwanghafte unreine Gedanken, den Genuss üppiger Speisen (vor allem durch den Genuss von Schokolade), durch das Lesen von Romanen und natürlich »durch unreine Handlungen« (sprich: Selbstbefriedigung) ausgelöst bzw. verschlimmert.

Während des ganzen 19. Jahrhunderts behandelte man angeblich an Nymphomanie erkrankte Frauen ähnlich wie Jungen, die man beim Masturbieren erwischte (s. auch »Warum dachte man früher, dass Masturbieren blind macht?)

Vielleicht sollten wir das letzte Wort lieber Alfred Kinsey überlassen, dessen Definition von Nymphomanen lautete: »Alle, die mehr Sex haben als man selbst.«

? Und wo wir gerade beim Thema sind: Wie heißt die männliche Entsprechung von Nymphomanie?

Den Erotomanen – also einen Mann mit einem starken Sexualverlangen – habe ich bereits eingeführt. Der korrekte Begriff lautet jedoch Satyriasis. Ein starkes Sexualverlangen ist bekanntlich geschlechtsunabhängig, sodass man genauso gut sagen könnte: *Ich* habe einen gesunden Appetit auf Sex, *du* hast ein starkes Sexualverlangen, *sie* ist die reinste Nymphomanin …

Ein wichtiger Unterschied zwischen Nymphomanie und Satyriasis ist jedoch, dass »Satyrn« ihre Sexualität noch kontrollieren können. Aber wahrscheinlich zeigt diese Unterscheidung auch nur das in der Gesellschaft weit verbreitete Misstrauen der weiblichen Sexualität gegenüber.

Don-Juanismus – also das Verlangen eines Mannes, häufig Sex mit verschiedenen Partnerinnen zu haben – ist ein anderes Wort für Satyriasis. Der Begriff ist von der lüsternen literarischen Figur Don Juan abgeleitet, die Lord Byron in einem Gedicht und Mozart in einer Oper (*Don Giovanni*) verewigte.

Aber es gibt noch einen anderen Begriff, der überwiegend für Männer verwendet wird, und das ist der »Sexsüchtige«. In letzter Zeit hat die Boulevardpresse über einige angeblich sexsüchtige Hollywoodstars berichtet. Manche von ihnen haben sogar behauptet, in einer Klinik behandelt worden zu sein.

Bitte entschuldigen Sie, wenn ich ihnen das nicht abnehme: In Wahrheit verfügen solche Stars einfach nur über ein enormes Ego – und ein dementsprechendes Sexualverlangen. In Hollywood legt einer den anderen flach, und zwar nicht nur vor der Kamera. Das war schon immer so. Bloß dass die

Zeitungen heute nicht mehr darüber hinwegsehen. Wird einer der Stars in flagranti erwischt, muss er sich schnell eine gute Erklärung für seine Frau einfallen lassen, denn sonst kann er nach kalifornischem Gesetz gleich die Hälfte seines Vermögens abgeben.

Da ist es doch wesentlich einfacher, sich als »sexsüchtig« zu bezeichnen und ein paar Wochen in einer Klinik zu verschwinden.

? Wenn ein Schwuler eine Lesbe heiratet – wer macht dann den Abwasch?

So erstaunlich das auch klingt: Ich kenne einen Schwulen, der mit einer Lesbe verheiratet ist. Nur leider nicht gut genug, um ihm diese Frage zu stellen. Doch da ich Gelegenheit hatte, die beiden zu beobachten, bezweifle ich nicht, dass er den Abwasch macht – und auch das Abtrocknen und Aufräumen übernimmt.

Aber das ist natürlich nur eine Vermutung. Er ist ein intelligenter, liebenswerter Kerl, aber sie eine echte Nervensäge. Ich kann gut verstehen, was sie an ihm findet. Aber was ihn zu ihr hinzieht, begreife ich beim besten Willen nicht – es sei denn, die beiden führen eine Art Sadomaso-Beziehung ...

Die Welt der Promis ist diesbezüglich auch nicht sehr ergiebig. Der schwule Hollywoodstar Robert Taylor heiratete den lesbischen (oder bisexuellen?) Hollywoodstar Barbara Stanwyck. Aber bringt uns das irgendwie weiter?

Meinem Buch – aber auch mir – zuliebe hätte ich gern, dass sich mehr schwule Männer von Frauen herumscheuchen lassen als Heteros. Gleichzeitig würde es mich freuen, zu hören, dass Lesben strenger mit Männern sind als Heterofrauen.

Wer weiß, vielleicht gibt es sogar schwule Männer und Lesben, die solchen Uraltklischees entsprechen? Doch verlassen sollte man sich darauf lieber nicht.

Im wirklichen Leben spricht nichts dafür, dass sich schwule Männer mit mehr Begeisterung im Haushalt nützlich machen als meinesgleichen, und ebensowenig, dass Lesben dominanter sind als heterosexuelle Frauen.

Mit anderen Worten: Es handelt sich hier also um eine unangemessene Frage, auf die es wohl keine angemessene Antwort gibt.

? Was haben Frauen benutzt, bevor die Damenbinde erfunden wurde?

Ich weiß wenig über Frauen und ihre Periode (außer, dass man sie in dieser Zeit lieber in Ruhe lässt). Aber zum Glück bin ich mit einer Frau verheiratet, die auch noch eine ausgezeichnete Autorin und Rechercheurin ist. Und deshalb wird Ihnen diese Frage einfach Penny Chorlton (das ist ihr Mädchenname und Pseudonym) beantworten:

So etwas wie Tampons wird schon seit Jahrtausenden benutzt – Hippokrates erwähnt sie, und die ägyptischen Bäuerinnen verwendeten Gras oder Papyrus zu diesem Zweck. Altägyptische Wäschelisten erwähnen Stoffkissen, Gürtel und tamponartige Gegenstände.

Später, bis weit ins 19. Jahrhundert, hatten die Frauen Angst, den Blutfluss zu stauen, weil sie dachten, er würde dadurch noch heftiger. Das müssen sehr unhygienische Zeiten gewesen sein.

Lumpen aus alten Decken, Kissenhüllen oder anderen Stoffresten wurden gefaltet und mit Stecknadeln in der Unterhose befestigt. Wenn sie anfingen, unangenehm zu riechen, konnte man sie auskochen.

Auf Reisen nahmen die Frauen ihre Stoffbinden entweder mit nach Hause, um sie dort zu waschen, oder warfen sie ins Kaminfeuer. In den 1890er-Jahren gab es in England sogar eigene tragbare Gasbrenner für Menstruationsbinden.

Um 1880 führten auch deutsche Ärzte die Damenbinde ein. Aber es waren die Amerikaner, die sie 1854 patentieren ließen. Sie bestand aus einem Gürtel mit Stahlfedern, der eine Binde enthielt, was ziemlich sperrig und unbequem klingt. Aber im Vergleich zu den Korsetts, die Frauen damals trugen, klingt das fast schon wieder harmlos. Bis dieses Produkt in den Vereinigten Staaten populär wurde, dauerte es jedoch noch bis in die 1870er-Jahre.

Im Jahr 1890 konnten amerikanische Frauen die erste Wegwerfbinde namens »Lister's Towel« (von Johnson & Johnson) kaufen. Sie hatte an jedem Ende eine Schlaufe und wurde ebenfalls an einem Gürtel getragen. Daran sollte sich in den nächsten Jahrzehnten auch nicht viel ändern. Leider waren diese Binden oft undicht und nicht besonders saugfähig. Das erklärt auch, warum man die weibliche Periode als »Fluch« auffasste: Schließlich war sie wirklich schwer zu handhaben. Es ist unglaublich, dass es so lange dauerte, bis jemandem etwas Besseres einfiel.

Während des Ersten Weltkriegs benutzten Krankenschwestern große Baumwollbinden, um die Blutungen verwundeter Soldaten zu stillen. Die Soldaten brachten diese Idee nach Hause mit, wo sie schon bald von den Frauen übernommen wurde, die auf diese Weise ihr Menstruationsblut auffingen.

Die ersten kommerziellen Tampons kamen in den 1920er-Jahren auf den Markt. Allerdings galt der Gebrauch von Binden noch bis weit in die 1970er-Jahre als gesünder, weil sie das Blut außer- und nicht innerhalb des Körpers auffingen.

Die ersten selbstklebenden Binden wurden in den 1970er-Jahren erfunden und wurden mit der Zeit immer dünner und saugfähiger.

In ärmeren Weltgegenden werden noch heute natürliche Schwämme, Tierhäute, Lumpen und altes Zeitungspapier verwendet, auch wenn sie unpraktisch und unbequem sind sowie ein Infektionsrisiko darstellen.

? Warum genießen es manche Leute, geschlagen und/oder gefesselt zu werden?

»Schlag mich, schlag mich«, sagt der Masochist. »Nein«, sagt der Sadist.

Ein alter, aber immer noch guter Witz.

Der selbsternannte Sadist, den ich gefragt habe, ist damit allerdings nicht einverstanden: »Ich würde eher sagen: ›Schlag zu!‹ – aber nicht unbedingt, wenn es der Masochist erwartet.«

Wie gelingt es so einem bloß, Frauen (meine Quelle ist nämlich strikt hetero) dazu zu bekommen, dass sie sein Opfer spielen?

»Es ist nicht so, wie du denkst. Letztendlich geht es um Lust – und zwar für alle Beteiligten, nicht um bleibende Verletzungen. Um die Lust an heftigen Schmerzen.«

»Und die Frauen kommen tatsächlich wieder und verlangen nach mehr?«

»Normalerweise schon. Doch in der Regel bin ich derjenige, der die Beziehung beendet.«

Klar, schließlich ist er der Sadist.

Auch wenn Sadomasochismus – also »der Lustgewinn aus dem Zufügen oder Erleiden von körperlichen oder seelischen Schmerzen« – relativ selten vorkommt, entdeckte Kinsey, dass 22 Prozent der Männer und zwölf Prozent der Frauen mit Lust auf eine sadomasochistische Geschichte reagierten.

Doch die Welt von BDSM (*Bondage & Discipline*, *Dominance & Submission*), hat wesentlich mehr zu bieten als nur sadomasochistische Praktiken.

Und nicht nur wir Briten fühlen uns dort zu Hause:

Die Forschung hat gezeigt, dass etwa elf Prozent der amerikanischen Männer und 17 Prozent der amerikanischen

Frauen schon einmal Fesselspiele veranstaltet haben, während etwa fünf bis zehn Prozent der amerikanischen Erwachsenen in regelmäßigen Abständen auf »S & M« stehen (also auf leichte Züchtigungen).

Wie mir meine sadistische Quelle mittlerweile bestätigte, muss man kein Sadist sein, um die eine oder andere spielerische Bestrafungsaktion zu genießen.

»Aber warum machen die Leute so was?«, hakte ich nach.

»Zunächst mal, weil es Spaß macht – und das sollte man beim Sex nie unterschätzen. Und dann kommen natürlich noch andere, wesentlichere Elemente dazu. Im Grunde dreht sich alles nur um Kontrolle bzw. das Abgeben von Kontrolle in einem Moment starker Erregung. Das ist eine aufregende, aber auch sehr intime Angelegenheit.«

»Und was ist der Unterschied zwischen ›S & M‹ und Bondage?«

»Da gibt es keinen großen Unterschied, zumindest nicht auf einem eher harmlosen Niveau. S & M steht natürlich für Sadomaso, aber normalerweise sind damit nur leichte Schläge oder ›Züchtigungen‹ gemeint.«

»Aber warum sollte ein Mann dafür bezahlen, geschlagen zu werden? Ich wurde in der Schule geschlagen und habe es eindeutig gehasst: Ich hätte gutes Geld dafür bezahlt, NICHT mehr geschlagen zu werden.«

»Das ist nur eine mögliche Reaktion. Die andere besteht darin, dafür zu sorgen, dass man beim nächsten Mal die Kontrolle behält. Umgekehrt gibt es Männer, die dafür bezahlen, Prostituierte schlagen zu dürfen. Doch nur sehr wenige Mädchen sind bereit, einen mehr als oberflächlichen Schmerz auszuhalten.«

»Du klingst enttäuscht.«

»Ich bin da eben etwas anspruchsvoller.«

»Inwiefern?«

»Was die verschiedenen Schmerzschwellen anbelangt.«

»Aber das grenzt doch an Folter?«

»Nicht, wenn sie dich anfleht weiterzumachen! Selbstverständlich muss ich davor – und währenddessen – immer darauf achten, dass sie mit allem einverstanden ist. Doch letztendlich ist es eine Frage des Vertrauens.«

»Und Bondage bzw. Fesselspiele?«

»Obwohl das oft im Zusammenhang mit *discipline* oder Züchtigungen genannt wird, müssen damit keinerlei Schmerzen verbunden sein. Normalerweise heißt Bondage nur, dass sich die Leute fesseln oder Handschellen anlegen lassen – solche Sachen eben. Das solltest du auch mal ausprobieren.«

»Na, wenn du meinst ...«

»Mann, bis du laaaaaangweilig!«

»Schlag mich, schlag mich«, sagt der Masochist.
»Nein«, sagt der Sadist.

? Was passiert mit Prostituierten, wenn sie in Pension gehen?

Von allen Fragen in diesem Buch war das die faszinierendste, aber leider auch die frustrierendste.

Ich rief mehrere (Noch-)Prostituierte an und besuchte drei verschiedene Internetforen, doch überall begegnete man mir nur mit einer Mischung aus Gleichgültigkeit und Feindseligkeit.

Für die Gleichgültigkeit, so schloss ich messerscharf, gab es genau drei Gründe:

1. Sie hielten mich bestimmt nur für so einen Idioten, der sie auf den Arm nehmen wollte bzw. versuchte, gratis Telefonsex zu bekommen.
2. Und selbst wenn ich kein Idiot war: Warum hätten sie überhaupt mit mir reden sollen – und das auch noch gratis? (Es handelt sich hier schließlich immer noch um Prostituierte.)
3. Prostituierte ist nicht gerade ein Traumberuf. Nur sehr wenige Frauen, die mit ihrem Leben zufrieden sind, werden Prostituierte. Und selbst wenn sie bereit gewesen wären, mir zu helfen, hätten sie nur wenig Ahnung von einem Leben außerhalb der Prostitution gehabt.

Ein Mädchen – es war etwa Mitte zwanzig – erzählte mir, dass sie als Kellnerin arbeiten wolle, wenn sie mit der Prostitution genügend Geld verdient hätte. Ich will mich keineswegs über sie lustig machen, aber besonders ehrgeizig klingt das nicht, oder? Auf jeden Fall nicht nach Julia Roberts in *Pretty Woman*, Catherine Deneuve in *Belle de Jour* oder Shirley MacLaine in *Irma La Douce*.

Untersuchungen haben ergeben, dass das (traurige) Arbeitsleben einer Prostituierten im Durchschnitt fünf Jahre dauert. Da diese Ziffer auch die Frauen mit einschließt, die als halbprofessionell bezeichnet werden – also Studentinnen oder Hausfrauen, deren Karrieren zwangsläufig kürzer sind –, müssen andere Frauen Jahrzehnte in diesem Gewerbe arbeiten, das gern beschönigend das älteste Gewerbe der Welt genannt wird. Und müssen laut derselben Studie durchschnittlich 868 Männer pro Jahr bedienen. Wenn man davon die Teilzeit arbeitenden Prostituierten abzieht, heißt das, dass manche Frauen jedes Jahr Tausende von Männern »treffen«.

Kein Wunder, dass sie keine Lust haben, mit Männern zu telefonieren, die behaupten, Schriftsteller zu sein.

Natürlich geschieht es häufig, dass Prostituierte, die »in Pension gehen«, heiraten. Es heißt gelegentlich sogar, Prostituierte gäben gute Ehefrauen ab, so nach dem Motto: Übung macht den Meister.

Ich hätte eher das Gegenteil angenommen, nämlich dass es ihnen schwerfallen muss, nicht letztlich jeden Mann abgrundtief zu verachten. Und das dürfte nicht gerade für eine besonders glückliche Ehe sprechen.

Dasselbe gilt für die (Mehrheit) der Fälle, in denen die Männer keine Ahnung vom Vorleben ihrer Frauen haben. Manchmal finden sie es leider auf eine äußerst unangenehme Weise heraus. Bei meinen Recherchen stieß ich auf einen Mann, dessen Frau noch auf der Hochzeitsreise – für Geld – mit anderen Männern schlief. Wie sich herausstellte, war sie eine Nutte und konnte einfach nicht damit aufhören. Die Geschichte klingt verdächtig nach Großstadtlegende, aber ich habe genug gehört, um zu vermuten, dass sie durchaus ein Körnchen Wahrheit enthält.

Es gab übrigens ein paar ehemalige Prostituierte, über deren Vorleben immerhin erst dann etwas bekannt wurde, nachdem sie sich bereits zurückgezogen hatten:

Nell Gwynne
Billie Holiday
Mata Hari
Eva Peron
Janis Joplin (als Teenager bot sie sich für fünf Dollar an, allerdings mit mäßigem Erfolg. Als sie irgendwann weit weg von zuhause ohne Geld dastand, »bediente sie zwei Freier«, um sich das Geld für die Heimfahrt zu verdienen.)
Marilyn Monroe (als junge, noch hart um ihre Rollen kämpfende Schauspielerin bot Marilyn »Auto-Sex« im Tausch gegen Restaurantmahlzeiten an)
Carole Landis
Jeanette MacDonald (sie arbeitete für eine New Yorker »Begleitagentur«, bevor sie berühmt wurde)
Andrea Dworkin (Die spätere Feministin lebte Anfang der 1970er-Jahre in den Niederlanden und arbeitete dort als Prostituierte.)
Lupe Velez
Lotte Lenya (sie war eine Kinderprostituierte)

? Was ist so erotisch an autoerotischer Asphyxie?

In Becketts *Warten auf Godot* sagt Estragon zu Wladimir: »Sollen wir uns aufhängen?« Daraufhin sagt Wladimir: »Dann geht noch mal einer ab« – und Estragon beschließt: »Komm, wir hängen uns sofort auf!«

Das erste Mal, dass eine breitere Öffentlichkeit etwas über diese Praxis erfuhr, war, als der britische Politiker Stephen Milligan tot aufgefunden wurde: Die Asphyxie durch Selbststrangulation war erfolgreicher gewesen als die Autoerotik.

Ähnliche Gerüchte kursierten auch über den Tod von Jerzy Kosinski und Michael Hutchence.

Wie dem auch sei, eine besonders angenehme Todesart ist das sicherlich nicht, allein schon, weil es so erniedrigend ist, wenn alles schiefgeht.

Und das ist auch der Punkt: Wir erfahren nur von autoerotischen Asphyxien oder Selbststrangulationen, wenn sie misslingen.

Aber was genau hat es damit auf sich?, wollte ich von meinem Freund Rick wissen.

»Es handelt sich um eine Abschnürung der Atemwege – meist mit einem Strick oder Schlauch –, die beim Masturbieren einen Blutstau verursachen sollen. Manche Leute – wie Stephen Milligan – kombinieren diese Praxis mit Selbstfesselung. Und das ist schlichtweg Selbstmord.«

»Hast du das auch schon mal ausprobiert?«

»Nein! Seh ich vielleicht aus wie ein Vollidiot? Und das war jetzt eindeutig eine rhetorische Frage!«

»Aber warum machen das andere Männer? Und unterscheidet sich der damit verbundene Nervenkitzel von anderen lebensgefährlichen Praktiken? Mit anderen Worten: Sind das auch bloß Leute, die unbedingt ihre Grenzen ausloten wollen?«

»Natürlich spielt das auch eine Rolle. Aber soweit ich weiß, soll der verminderte Blutfluss zum Gehirn auch das Lustempfinden steigern. Ich persönlich mag es lieber, mir einen blasen zu lassen und …«

»Verstehe, wir brauchen das nicht weiter zu vertiefen. Trotzdem – was finden die Leute daran?«

»Was weiß denn ich! Meist sind es Halbwüchsige oder Männer, die nie richtig erwachsen geworden sind. Auf jeden Fall ist es ziemlich gefährlich. Jedes Jahr stirbt daran eine erhebliche Anzahl von Menschen.«

»Aber wie?«

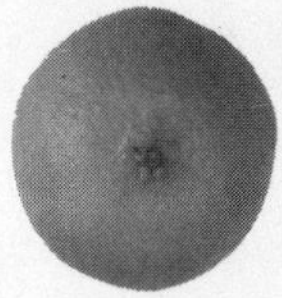

»An der Strangulation. Sie verlieren das Bewusstsein und bringen sich so aus Versehen um.«

»Also ist es Selbstmord?«

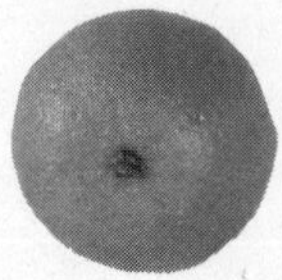

»Nein, das glaube ich nicht. Nicht mehr als andere gefährliche Freizeitbeschäftigungen wie das Fallschirmspringen von festen Objekten zum Beispiel. Die Leute genießen das Risiko. Manche basteln sich sogar Hilfsmittel, die sie ›aufwecken‹ und an das Atmen erinnern sollen.«

»Hat Stephen Milligan nicht eine Orange oder so was benutzt?«

»Ja, das stimmt, aber sie hat nicht funktioniert.«

»Was für ein Tod!«

»Allerdings! Dazu fällt mir der amerikanische Komiker Bill Hicks ein.

Der hat einmal gesagt, dass er im Falle seines plötzlichen Ablebens einen Freund instruiert hat, bei ihm vorbeizuschauen und das ganze Pornomaterial wegzuwerfen, damit seine Mutter es nicht findet.«

Nachdem ich mit Rick gesprochen hatte, recherchierte ich

selbst noch ein bisschen und entdeckte, dass der autoerotischen Asphyxie (AEA) jährlich 250 bis 1000 junge Amerikaner zum Opfer fallen.

Dass die Zahlen so ungenau sind, liegt daran, dass die Angehörigen der Opfer verständlicherweise eine andere Todesursache auf dem Totenschein haben wollen – alles, aber bitte nur nicht das!

Interessanter-, aber auch tragischerweise sind die Opfer meist gut angepasste, nichtdepressive Erfolgsmenschen. Oft neigen sie auch zu Transvestitismus und anderen Formen des Cross-Dressings oder Rollenspiels.

Mädchen versuchen es ebenfalls mit autoerotischer Asphyxie. Nur, dass diese Fälle weniger publik werden, weil die Betroffenen, wenn sie tot aufgefunden werden, einfach nur nackt sind und eine Schlinge um den Hals haben. Deshalb nehmen die Angehörigen verständlicherweise an, dass es sich um Selbstmord und nicht um einen autoerotischen Unfall handelt.

Im Jahr 1981 definierten die FBI-Forscher Hazelwood, Blanchard und Burgess sechs Kriterien für AEA-typische Leichenfundorte:

1. **Hinweise auf eine durch einen Strick oder Erhängen hervorgerufene Asphyxie, bei der die Position der Leiche oder vorhandene Schutzmaßnahmen wie Poltermaterial am Hals darauf hinweisen, dass keine Todesfolge beabsichtigt war**
2. **Hinweise auf Objekte oder Handlungen, die der sexuellen Erregung oder Luststeigerung dienen und von Selbstrettungsmaßnahmen bzw. dem Willen des Opfers zur Selbstrettung abhängig sind**
3. **Hinweise auf Masturbation**
4. **Hinweise auf sexuelle Requisiten oder pornographi-**

sches Material

5. Hinweise auf vorausgegangene gefährliche autoerotische Praktiken
6. Keine erkennbare Selbsttötungsabsicht

? Wie bekommen Gigolos eine Erektion?

Da draußen sind jede Menge Gigolos unterwegs – nur, dass sie sich nicht so nennen. »Männlicher Begleiter« heißt der beschönigende Begriff, auch wenn sich viele als »männliche Masseure« anbieten. Laut Jake, dem Gigolo, bei dem ich mich erkundigte, besteht der Unterschied zwischen einem Begleiter und einem Masseur darin, dass »Ersterer normalerweise mit der Dame essen geht, bevor er Sex mit ihr hat«.

»Das ist also die vornehmere Variante?«

»Normalerweise schon, aber nicht immer. Ich habe beides gemacht und kann nur sagen, dass es die Kundinnen … na ja, … etwas wilder mögen, wenn man sie direkt aufsucht, in der Regel in einem Hotelzimmer.«

Aber ich sollte Ihnen Jake lieber erst mal vorstellen. Er ist Mitte dreißig und ein äußerst geselliger Zeitgenosse. Als gut aussehend würde ich ihn nicht unbedingt bezeichnen, aber er macht einen positiven Gesamteindruck. Er ist sauber, ordentlich und – worauf er besonderen Wert legt – kaut keine Nägel. In seinem dunklen Jackett, dem gestreiften Hemd mit passender Krawatte und seiner Baumwollhose macht er eine gute Figur. »Das muss ich in meinem Job auch. Selbst wenn ich nicht arbeite. Ich weiß schließlich nie, wann der nächste Anruf kommt.«

»Haben Sie Stammkundinnen?«

»Oh ja! Es gibt fünf Frauen, die ich regelmäßig treffe – vielleicht zweimal im Monat.«

»Und, haben Sie immer Sex mit ihnen?«

»Normalerweise schon, wobei mich eine Kundin hauptsächlich als Begleiter auf Businessveranstaltungen mitnimmt. Sie arbeitet in der Medienbranche und ist auf viele Abendessen eingeladen.«

»Wie stellt sie Sie den anderen vor?«

Er überlegt kurz. »Eigentlich gar nicht. Ich bin einfach nur Jake. Ich glaube, die anderen sollen denken, dass ich ihr Freund bin.«

»Und was sagen Sie, wenn Sie jemand nach Ihrem Beruf fragt?

»Ich sage einfach, dass ich Unternehmer bin – was ja im Grunde auch stimmt! Komischerweise fragt mich kaum jemand.«

»Weil die Leute viel zu sehr damit beschäftigt sind, mit ihrem eigenen Job anzugeben?«

Er lächelt unverfänglich.

»Und was ist mit den anderen Kundinnen?«

»Ja, mit denen habe ich Sex.«

»Und ...?«

»Es ist okay.«

Okay. Aha. »Und, äh ... klappt es auch immer?«

»Bei meinen Kundinnen? Und ob! Ich weiß, wie man eine Frau behandelt!«

Plötzlich wird mir klar, wie man seinen Beruf ausüben kann: Man darf keinerlei Sinn für Humor haben – und ein Mann, der von sich behauptet, zu wissen, wie man eine Frau behandelt, hat bestimmt keinen Humor.

»Nehmen Sie Viagra?«

Zum ersten Mal wirkt er verärgert. »Nein. Das brauche ich nicht.«

»Tut mir leid ...«

»Nein, Sie können ja nichts dafür. Aber die meisten Leute glauben ...«

»Naja, aber es hilft bestimmt ungemein, zur Not darauf zurückgreifen zu können.«

»Wahrscheinlich schon, aber wer will schon den ganzen Abend mit einer Erektion rumrennen?«

»Verstehe.«

»Ich brauch so was nicht.«

»Wirklich nie?«

»Nein.«

Er lächelt und zeigt auf sein Gerät (im wahrsten Sinne sein Arbeitsgerät): »Er hat seinen eigenen Kopf. Außerdem mag ich meine Kundinnen wirklich. Ansonsten könnte ich meinen Beruf gar nicht ausüben. Es geht dabei nämlich nicht nur um Sex, wissen Sie.«

? Was ist besser: Anständig wichsen oder ein schlechter Blowjob?

Als ich mich mit dieser Frage an meine Freunde wandte, bekam ich was zu lachen. Erst sagten so gut wie alle, jeder Blowjob sei besser als wichsen. Aber als ich sie bat, mir eine ehrliche Antwort zu geben, meinten sie einstimmig, ordentlich wichsen sei besser als ein schlechter Blowjob.

Ein oder zwei gingen sogar so weit zu sagen, ordentlich wichsen sei besser als ein *guter* Blowjob.

Für das Wichsen spricht unter anderem:

»Man muss danach nicht mit sich selbst kuscheln.«

»Man muss sich danach nicht bedanken.«

»Es geht schneller.«

»Man bekommt keine Kinder davon.«

Ein Freund meint, »entscheidend ist, wer den Blowjob macht«, was sicherlich stimmen dürfte.

Wieder ein anderer, der vielleicht nicht gerade der hellste ist, meinte, »entscheidend ist, wer wichst«, was natürlich vollkommener Quatsch ist.

Abschließend erfahren wir aus dieser wissenschaftlichen Studie zwei Dinge: zum einen, dass anständig wichsen besser ist als ein schlechter Blowjob.

Und zum anderen, dass meine Freunde ein Haufen onanierender, frauenfeindlicher Steinzeitmenschen sind.

Na ja, warum sollten sie auch sonst mit mir befreundet sein?

? Was ist Epispasmus?

Unter Epispasmus – auch Recutitio genannt – versteht man eine Rekonstruktion der Vorhaut. Diese Prozedur kann kulturell, sexuell oder psychologisch begründet sein.

Bekanntlich werden jüdische männliche Babys bald nach der Geburt beschnitten.

Ein beschnittener Penis war deshalb ein Erkennungsmerkmal, das sich Judenverfolger zunutze machten – etwa damals die Nazis in Deutschland.

Als Reaktion auf die Naziverfolgung griffen viele Juden im besetzten Europa zu extremen Mitteln, um ihre Vorhaut zu rekonstruieren und bei Kontrollen nicht aufzufliegen.

Manche Männer hatten das Glück, nur teilweise beschnitten worden zu sein, sodass noch Hautreste vorhanden waren. Andere verwendeten Klebeband, um das, was von ihrer Vorhaut noch übrig war, zu dehnen. Leider dauert es Jahre, bis diese Methode zu irgendwelchen sichtbaren Ergebnissen führt. Also mussten die Betroffenen in ihrer Verzweiflung zu allen möglichen Tricks greifen: Der halbwüchsige Roman Polanski zum Beispiel bastelte sich eine falsche Vorhaut aus Kerzenwachs.

Seit dem Zweiten Weltkrieg gibt es jedoch noch andere Gründe für eine Vorhautrekonstruktion, vor allem in den USA, wo die Beschneidung während der 1950er- und 1960er-Jahre sehr populär war (wenn auch nicht bei den armen Jungen, denen man die Vorhaut entfernte). Dort gibt es viele, die sich als Opfer der Medizin sehen.

Solche Männer greifen zu allen möglichen Hilfsmitteln, um den ursprünglichen Zustand wiederherzustellen.

Inzwischen gibt es zahlreiche chirurgische und nichtchirurgische Methoden, mit deren Hilfe sich die Vorhaut wieder rekonstruieren lässt.

Die heutige Medizin ist der Auffassung, dass eine Beschneidung harmlos, aber überflüssig ist. Ein (jüdischer) Urologe, den ich dazu befragte, sagte: »Wenn Leute ihre Söhne aus kulturellen oder religiösen Gründen beschneiden wollen – bitte sehr. Ansonsten spricht eigentlich nichts dafür.«

»Aber sind beschnittene Penisse nicht leichter sauber zu halten?«

»Ja, aber das ist noch lange kein Argument für das Beschneiden. Sonst müsste man sich auch die Finger abhakken, damit sie nicht schmutzig werden. Wieso zeigt man den Jungen nicht einfach, wie sie sich ordentlich waschen sollen? Wir müssen uns schließlich auch waschen. Nur, weil wir kein Präputium haben …«

»Ein WAS bitte schön?«

»Das ist der vornehme Ausdruck für Vorhaut. Trotzdem: Nur weil wir keine haben, heißt das noch lange nicht, dass wir uns nicht ordentlich waschen müssen.«

»Aber müssen manche Jungs nicht beschnitten werden, weil ihre Vorhaut zu eng ist?«

»Ja, und?«

»Na ja, ist es da nicht besser, sie schon als Baby zu beschneiden, weil es dann nicht so weh tut?«

»Nach dieser Logik müsste man ihnen auch die Mandeln und den Blinddarm rausoperieren – ach ja, und Milz und Gallenblase gleich noch dazu, nur so, für alle Fälle.«

»Das heißt, wenn man sich nicht sicher ist, sollte man es lieber bleiben lassen?

»Ich würde sagen, ja – außer es liegen religiöse Gründe vor. Und selbst dann würde ich es lieber im Krankenhaus machen lassen.«

»Und was ist mit der weiblichen Beschneidung?«

»Auf gar keinen Fall! Sie hat keinerlei Vorteile und wird nur praktiziert, um die Frauen zu unterdrücken.«

»Was das anbelangt, haben Sie ja eine sehr eindeutige Meinung.«

»Ja, in der Tat – und das sollte auch jeder andere so sehen.«

? Ändert sich die Penisgröße mit der Zugehörigkeit zu einer bestimmten ethnischen Gruppe?

Wenn ich ehrlich sein soll, müsste diese Frage eigentlich lauten: »Sind schwarze Männer besser bestückt?«

Ich stelle die Frage deshalb, weil ich Freunde bat, ebenfalls etwas zu diesem Buch beizusteuern. Und diese Frage wurde mehr als einmal gestellt.

Zum oben genannten Thema gibt es überraschend wenige Untersuchungen. Und dass ich es nicht im Internet recherchiert habe, werden Sie mir hoffentlich auch verzeihen. (Es gibt Dinge, die ich niemals tun werde, nicht mal im Namen der Forschung.)

Also wandte ich mich mit dieser Frage an die weltgrößte Autorität, das Kinsey Institute, und bekam folgende Antwort: »Was die Penisgröße angeht, gibt es in der Tat ethnische Unterschiede. Dasselbe gilt aber auch für alle anderen Körperteile.«

Das klingt mehr als vernünftig.

Im Original-Kinsey-Report von 1948 steht, dass die durchschnittliche Penislänge eines Weißen in nicht erigiertem Zustand zehn Zentimeter und in erigiertem 16 Zentimeter beträgt. Im Vergleich dazu misst der Penis eines Schwarzen in nicht erigiertem Zustand elf und im erigierten 16,002 Zentimeter. Nicht gerade ein gewaltiger Unterschied – und schon gar nicht in erigiertem Zustand. Wobei man allerdings einräumen muss, dass Kinsey wesentlich mehr Weiße als Schwarze befragt hat.

Aber warum gehen dann so viele Weiße davon aus, dass Schwarze besser bestückt sind? Ich beschloss, die Sozialanthropologin Dr. Lorraine Mackintosh zu fragen.

»Na ja«, meinte sie. »Wie Sie bereits sagten, scheint das wohl nicht zu stimmen. Also müssen wir nach den Gründen für dieses offensichtliche Vorurteil suchen.«

»Wahrscheinlich ist es ein umgekehrtes Vorurteil?«

»Auf jeden Fall ein Vorurteil. Vermutlich stammt es aus der Kolonialzeit, als Afrika von den Weißen erforscht wurde. Die Kolonialherren waren bekleidet, nicht aber die Eingeborenen. Deshalb fielen ihnen die Penisse auf, wobei ihnen vor allem die größeren in Erinnerung blieben. Als Nächstes müssen wir uns mit den Vereinigten Staaten zu Zeiten der Sklaverei beschäftigen. Männliche Sklaven wurden wie Sachen oder Tiere behandelt und häufig gezwungen, weibliche Sklavinnen zu schwängern, um neue Generationen von Sklaven zu zeugen. Bei einer solchen Reduzierung auf ein rein sexuelles Wesen ist es nicht weiter verwunderlich, dass sich solche Klischees durchsetzen konnten.«

»Man sollte sich dieses Vorurteil also unbedingt abgewöhnen.«

»Allerdings. Sie sind doch Jude, oder? Wenn man jemandem sagt, dass er gut mit Geld umgehen kann, ist das normalerweise ein Kompliment. Würde ich dagegen sagen: ›He, Mitch, ihr Juden könnt ja wirklich gut mit Geld umgehen‹, wärst du bestimmt nicht besonders begeistert. Ich würde damit nur ein Klischee verstärken, das zu einer ganzen Reihe von antisemitischen Klischees über die Juden gehört.«

Hat denn das Gut-bestückt-sein irgendwas mit Rassismus zu tun?

Na gut, ich werde das akzeptieren.

? Wo lassen Nudisten ihr Wechselgeld?

Oder ihr Taschentuch? Denn auch Nudisten (oder Anhänger der Freikörperkultur, wie sie sich selbst nennen) wollen gern gelegentlich etwas am Kiosk kaufen, und dann und wann brauchen sie ein Taschentuch.

Also schrieb ich an Andrew Welch, den Manager des *Central Council for British Naturism*, und bekam folgende Antwort:

»Badeanzüge haben bekanntlich auch keine Taschen. Wo also lassen dann ganz normale Badegäste ihr Wechselgeld oder ihre Taschentücher?«

Außerdem ist die Freikörperkultur sehr gesund. Nudisten profitieren von ihrer Naturverbundenheit, weil sie regelmäßig Luft und Sonne an ihre Haut lassen – aber nicht so übertrieben wie die meisten Briten, die nur einmal im Jahr Urlaub

machen, um dann zwei Wochen am Stück in der Sonne zu brutzeln. Insofern ist der Bedarf an Taschentüchern sowieso nicht besonders groß.

Die Freikörperkultur wird während der Wintermonate übrigens auch in Innenräumen praktiziert, vor allem in Großbritannien, also in Hallenbädern, Saunas, Dampfbädern und so weiter. Da Nudisten in der Regel auf warme Orte angewiesen sind, sind sie nur alle zwei Wochen etwa zwei bis drei Stunden nackt und im Winter überwiegend bekleidet.

Selbst im Sommer praktiziert man die Freikörperkultur nur, wenn es das Wetter zulässt. Auch wenn es richtig heiß wird, bleiben die Leute überwiegend bekleidet. Sie tragen ein T-Shirt gegen die Hitze, schlüpfen in ihre Schuhe, um einkaufen zu gehen, ziehen sich an, um den FKK-Strand oder Touristenattraktionen aufzusuchen, oder machen sich schön, um abends nach Sonnenuntergang essen zu gehen. So komisch das auch klingen mag, aber in den meisten FKK-Anlagen herrscht beim Abendessen Kleiderzwang.

Außenstehende glauben oft, dass Nudisten ständig nackt sind. Es gibt sicherlich Leute, die sich ausziehen, sobald sie Gelegenheit dazu bekommen. Aber die überwiegende Mehrheit tut das nur, wenn es das Wetter und die äußeren Umstände erlauben. Schließlich müssen sich auch Nudisten an die üblichen Regeln halten, sodass sie außerhalb des Hauses, Clubs, Gartens, Strandes usw., also die meiste Zeit, angezogen sind und die Möglichkeit haben, Wechselgeld und Taschentücher problemlos zu verstauen.

Ich glaube, das dürfte Ihre Frage vorerst beantworten.

? Und, was habe ich gelernt?

Zunächst einmal, dass es Dinge im Leben gibt, von denen ich nie zu träumen gewagt hätte.

Dadurch habe ich, glaube ich, auch gelernt, toleranter zu sein und andere nicht vorschnell zu verurteilen. Aber wenn ich jetzt etwas verurteile, fühle ich mich umso berechtigter dazu.

Und dann habe ich noch Folgendes gelernt:

Man sollte die Wirkung von Schokolade auf Frauen nicht unterschätzen.
Es gibt einen Unterschied zwischen einem Gelübde und einem Versprechen.
Missionare haben nicht unbedingt in der Missionarsstellung Sex.
Frauen, die Sex mit anderen Frauen haben, sind Lesben und NICHT »lesbische Frauen«. Bevor ich dieses Buch schrieb, verwendete ich irrtümlicherweise diese Tautologie.
Es ist kein Kompliment, schwarzen Männern zu unterstellen, sie hätten größere Penisse als weiße.
Die Bedeutung des Wortes »eradizieren« ...
... und dass Nudisten manchmal ihre Kleider anlassen!

Bildnachweis

6: Getty images, München/Riser/Chris Craymer
10: Getty images, München/Stone/Chris Craymer
39: Alamy, London/Blickwinkel
48: Empics, London/Mike Egerton
73: Alamy, London/Image State
78: Corbis Düsseldorf/image 100 (Royalty free)
82: Alamy, London/Fotovisage
118: Alamy, London/Image State
137: Alamy London/Bryan & Cherry Alexander
140: Alamy, London/Jonathan Stokes
142: Alamy, London/John Powell
155: Getty Images, München/Keystone
184: Alamy London/mediacolor's
200: Getty Images, München/Digital Vision/Michelangelo Gratton (Royalty Free)

Dank

Dieses Buch wäre ohne die Hilfe zahlreicher Mitstreiter nie zustande gekommen. Die wichtigsten waren (in alphabetischer Reihenfolge): Luigi Bonomi, Richard Carr, Penny Chorlton, Mari Roberts und Doug Young.

Außerdem möchte ich mich bei folgenden Personen für ihre Unterstützung bedanken: Gilly Adams, Jeremy Beadle, Marcus Berkmann, Paul Donnelley, Chris Ewins, Jonathan Fingerhut, Peter Freedman, Jenny Garrison, Ian Irvine, Brian Johnson, Sam Jones, Martin Lewis, William Mulcahy, Nicholas Ridge, Charlie Symons, Jack Symons, Louise Symons, David Thomas, Katrina Whone und Rob Woolley.

Meine Informationen bezog ich nicht nur aus zahlreichen Büchern, aus dem Internet und aus diversen Zeitungs- und Zeitschriftenartikeln, sondern auch von Freunden und Kollegen, die ich soeben genannt oder im Text erwähnt habe. Ich möchte allen meinen aufrichtigen Dank aussprechen.